novum **pro**

AF141073

JOACHIM SDUNEK

DIE SCHÖNE SEITE
DES KAPITALISMUS

EINE BEWEISFÜHRUNG UND PROVOKATION

novum pro

Dieses Buch ist auch als
e-book
erhältlich.

Bibliografische Information
der Deutschen Nationalbibliothek:

Die Deutsche Nationalbibliothek
verzeichnet diese Publikation in
der Deutschen Nationalbibliografie.
Detaillierte bibliografische Daten
sind im Internet über
http://www.d-nb.de abrufbar.

Gedruckt in der Europäischen Union
auf umweltfreundlichem, chlor- und
säurefrei gebleichtem Papier.

© 2025 novum publishing gmbh
Rathausgasse 73, A-7311 Neckenmarkt
office@novumverlag.com

ISBN 978-3-7116-0518-4
Lektorat: David Pavlas
Umschlagabbildungen: Pavlo Syvak,
Artinspiring I Dreamstime.com
Umschlaggestaltung, Layout & Satz:
novum Verlag
Innenabbildung:
Shutterstock.com I Forestlife

www.novumverlag.com

Druckprodukt mit finanziellem
Klimabeitrag
ClimatePartner.com/16547-2311-1001

Inhaltsverzeichnis

Den Kapitalismus zu verstehen ist ganz wichtig. Die Funktion des Kapitals im Kapitalismus ist außerordentlich einfach. Es ist nicht notwendig komplizierte Rechnungen anzuwenden, hier reichen die Grundrechenarten. Kapital gründet sich aus eigener Arbeit und muss sich zwangsläufig vermehren. Darin besteht sein Sinn. Der Mensch hat sehr früh begriffen, dass er nicht unbedingt mit den eigenen Händen arbeiten muss, um das einmal geschaffene Kapital zu vermehren. Solange die Arbeit der fremden Hände am eigenen Kapital respektiert wird und für ein gutes Überleben der vielen fremden Hände sorgt, ist das in Ordnung. Diese Welt ist aber immer noch auf der Suche nach einem Verantwortlichen für diese vielen fremden Hände. Die Suche wird bis heute durch Sklaverei und Unterdrückung erschwert.

Die Teilung der Arbeit in die mit dem Kopf, die mit der Hand und deren Variationen ist die Grundlage für Besitz oder Besitzlosigkeit. Der die Arbeit planende Kopf konnte die Arbeit durch die eigenen und andere Hände ausführen lassen. Wer sein Kapital nicht festhalten und vermehren kann, gehört dann zu den Besitzlosen. Das einmal geschaffene Eigenkapital pflanzt sich notgedrungen fort und befindet sich mehr und mehr in den Händen der Besitzenden.

Man muss in diesem System also sehr aufpassen, um nicht unter die Räder zu kommen. Es gibt natürlich auch die Möglichkeit, dem Besitz abzuschwören. Die Lebensart die sich daraus ergibt, kann erzwungen sein, sie kann gewollt sein oder sich mit Hilfe von Freunden erträglich gestalten lassen. Die wirklich Besitzlosen haben keine Feinde. Freunde sind da schon eher hilfreich, dann hat man auch wieder ordentliche Feinde.

Karl Marx, dem das Hauptwerk „Das Kapital" zu diesem Thema zu verdanken ist, lebte nicht in Reichtum. Man muss

Marx in Bezug auf sein Hauptwerk zwingend auf seine wissenschaftliche Leistung begrenzen, sonst verstrickt man sich in eine sehr widersprüchliche Persönlichkeit. Er wurde 1849 als Staatenloser aus Deutschland ausgewiesen, nachdem er in einem Prozess wegen Aufreizung zur Rebellion freigesprochen wurde. Marx ging dann noch im selben Jahr mit seiner Frau Jenny und drei kleinen Kindern ins Londoner Exil. Ein Spitzelbericht der preußischen Geheimpolizei beschrieb die 2-Zimmer Wohnung in der Dean Street, wo sich das Leben der Familie Marx in den ersten Jahren abspielte und wo Karl Marx arbeitete und Emigranten aus aller Welt empfing: „In keiner der Stuben ein sauberes oder anständiges Möbelstück, alles ist zerbrochen, zerschlissen, zerfetzt, fingerdicker Staub klebt darauf...Manuskripte, Bücher und Zeitungen liegen kunterbunt neben Spielzeug und Fetzen aus dem Nähkorb seiner Frau, Tassen mit zerkerbten Rändern, schmutzige Löffel, Messer, Gabeln, ein Tintenfass, Bierseidel, Pfeifen, Asche- alles im wüsten Durcheinander auf demselben Tisch...Sich hinzusetzen, ist nicht ungefährlich. Hier steht ein Stuhl nur auf drei Beinen, dort ein anderer, der heil zu sein scheint, auf dem aber die Kinder Kochen spielen. Dieser wird dem Besucher angeboten, aber das Spielzeug der Kinder nicht entfernt, so dass man seine Hosen riskiert, wenn man wagt, sich zu setzen."[08]

Diese häusliche Misere soll die Mutter von Karl Marx zur folgenden Äußerung veranlasst haben: „Er hätte sich lieber ums Kapital kümmern als darüber schreiben sollen."[08] Solange man noch eine Mutter auf dieser Welt hat, gibt es wenigstens noch einen Menschen, der einem verzeiht. Es ist hinlänglich bekannt, dass Karl Marx sehr große finanzielle Unterstützung durch seinen Freund Friedrich Engels erfuhr. Weniger bekannt ist, dass der von Marx außerehelich gezeugte Sohn, Freddy Demuth, Engels durch offizielle Vaterschaft zugeschrieben wurde[08]. Ein anderer Freund, Wilhelm Wolff, genannt Lupus, hinterließ ihm sein gesamtes Vermögen. Marx verbrauchte alles geschenkte und geerbte Geld im Wesentlichen für seine Arbeiten. Er war nie reich und rauchte die schlechtesten Zigarren. Manche Leute behaupten das Gegenteil. Man muss sich hier auf die jeweils aktuelle finanzielle Situation einigen.

Sein Vater, Heinrich Marx, der von den intellektuellen Fähigkeiten seines Sohnes wußte, ermahnte ihn wiederholt, nicht nur seinen Verstand, sondern auch sein Herz zu bilden.[08] Diese Vatersorgen galten einer der herausragendsten Geistesgrößen des vergangenen Jahrhunderts. An seinem Werk scheiden sich noch heute die Geister.

Die Freunde von Marx ermöglichten ihm durch finanzielle Unterstützung die Arbeit an seinen Schriften. So war es möglich, dass er auch anständige Feinde hatte.

Bei aller Wissenschaft, Abenteurerwesen und Zufällen in der Forschung von Biologie, Chemie, Physik, Mathematik und Gesellschaftslehre, könnten auch alle Entdeckungen mit anderen Namen verbunden sein. Offenbar kommen die Menschen zwangsläufig zu den funktionierenden Formen und Ergebnissen. Wer der These folgt, dass alle Erfindungen der Menschheit auch von anderen Geistesgrößen hätten hervorgebracht werden können, ist, so glaube ich, auf dem richtigen Weg. Die Vielfalt des menschlichen Geistes, in positiver und auch negativer Hinsicht, ist sehr weit gefächert. Alfred Nobel war nur einen Schritt weiter als Ascanio Sobrero, der Entdecker des Nitroglycerin. Der Norweger Roald Amundsen erreichte den Südpol einen Monat früher als der Engländer Robert Falcon Scott. Albert Einstein komplettierte im Februar 1917 seine Relativitätstheorie. Einen Monat später kam das Weltmodell von Willem de Sitter dazu, das Einstein widerspruchslos akzeptieren musste. Die Entwicklung der Dampfmaschine ist nicht allein James Watt, sondern auch Edward Somerset und anderen zu verdanken. Alle Wissenschaft hat also Vorläufer und Zusammenhänge, die letztlich zu den Ergebnissen führten, die heute bekannt sind. Der Chemieprofessor und Apotheker Martin Heinrich Klaproth entdeckte das Element Uran, das Otto Hahn später zur Urankernspaltung führte. Ebenso haben die Entdeckungen von Pierre und Marie Curie ihre Vorläufer.

Der Philosoph Karl Marx konnte zum Beispiel auf den Arbeiten von Georg Wilhelm Friedrich Hegel, Ludwig Feuerbach,

Immanuel Kant und anderen aufbauen. Jeder Wissenschaftler und Entdecker prägt seinen persönlichen Anteil an den Ergebnissen der Arbeiten.

Die Erkenntnis, dass die Philosophen die Welt nur verschieden interpretiert haben, es aber darauf ankäme, sie zu verändern und dass die Geschichte der Menschheit die Geschichte von Kriegen ist, geht auf Karl Marx zurück. In der heutigen Welt gibt es sehr viele Gegner des Kapitalismus. Einer dieser erbitterten Gegner ist zum Beispiel der Schweizer Soziologe Professor Jean Ziegler. Ein Mann, der sich international gegen die negativen Erscheinungen des Systems engagiert. Die neoliberalen Befürworter nehmen alle Folgen des Kapitalismus billigend in Kauf. Das Unaufhaltsame kommt ja erst morgen. Das Morgen kommt aber immer schneller auf die Menschheit zu. Selbst Karl Marx wurde bei einer geselligen Runde von einem Bewunderer gefragt: Wer denn im Zukunftsstaat die Stiefel putzen solle. Da erwiderte Marx ärgerlich: „Das sollen Sie tun." Als der Mann schweigend die Gesellschaft verlassen hatte, kam die Dame des Hauses mit Ernsthaftigkeit auf die Sache zurück. Die Dame sagte zu Marx: „Ich kann mir Sie auch nicht in einer nivellierenden Zeit denken, da Sie durchaus aristokratische Neigungen und Gewohnheiten haben." „Ich auch nicht" antwortete Marx. „Diese Zeiten werden kommen, aber wir müssen dann fort sein."[08]

Der Kapitalismus ist die Ordnung, die der menschlichen Natur entspricht und ihr am nächsten kommt. Die Vision einer solidarischen Gesellschaft ist der menschlichen Natur nicht eingepflanzt. Es gab und gibt Klöster und Kommunen aller Art, wo der Wille und der Glaube die Menschen eint. Diese Formen sind aber die Ausnahme. Alle Stufen der Menschwerdung und des Zusammenlebens in Gesellschaften von Menschen führten schließlich zum heutigen Kapitalismus. Der Mensch als Naturprodukt hat sich außerhalb der Natur gestellt. Mit diesem Fakt ist die Entfesselung aller enormen Leistungsfähigkeiten im positiven sowie negativen Sinne einerseits und die schöne Seite des Kapitalismus andererseits geklärt. Dieses System wird die

Erde ausbeuten, bis die Menschheit nicht mehr überleben kann. Die menschenfreie Erde wird sich dann wieder erholen und die Natur zurückkehren lassen. Der Prozess einer Menschwerdung, wie durch Charles Darwin beschrieben, ist dann ausgeschlossen. Eine schönere Perspektive kann es für die Erde nicht geben. Die Erde hat immer wieder bewiesen, dass sie die Natur zurückkehren lässt, wo der Mensch nicht mehr eingreift.

Es ist Mode geworden über den Untergang der Menschheit zu reden. Diese Sorge trifft vor allem die Enkelgeneration. Bei diesem Untergang sollte man vordem noch klären, warum das nicht zu verhindern ist. Jeder normale, mitdenkende Mensch hat das Recht auf diese Frage eine unkomplizierte und klare Antwort zu erhalten.

Der Mensch ist ein politisches Geschöpf, das am liebsten sein Leben zu Klumpen geballt verbringt. Jeder Klumpen haßt den anderen Klumpen, weil sie die anderen sind, und haßt die eigenen, wiel sie die eigenen sind.[23]

Dieser Mensch hat der Erde seinen Stempel aufgedrückt. Er denkt nicht wirklich daran, dass er selbst Natur ist. Der Mensch ist ein unvernünftiges Wesen und nur bedingt lernfähig. Die Erkenntnisse, die er beim Lernen sammelt, führen nicht zu einem angemessenen Umgang mit der Natur. Er lebt, als hätte er mit dem Planeten Erde nichts zu tun. Aus allem Unglück und Verbrechen dieser Welt hat er nicht gelernt, die richtigen Schlüsse zu ziehen. Der Mensch ist ein Meister im Vergessen und Verdrängen. Kaum auszusprechende Verbrechen fallen diesen Eigenschaften anheim. Es wird sich in nicht allzu ferner Zukunft herausstellen, dass sein Überleben nicht mehr funktioniert. Dinge, die einst selbstverständlich waren, sind es nicht mehr. Selbst aktuelle Erscheinungen und neue Tatsachen werden teilweise ignoriert.

Für manche Menschen ist es heute noch schwer vorstellbar, dass der Mensch vom Affen abstammt. Der Mensch kann aber nur von diesen geselligen Wesen abstammen, da er selbst das geselligste aller Wesen ist. Man stelle sich die Geselligkeit der

Spanier, Italiener, Russen, Engländer, Iren, Franzosen und anderer Völker vor. In Afrika, Asien, Amerika und anderen Gegenden dieser Welt kann man die gleiche Geselligkeit und Lebenslust erleben. Zum Kummer der Menschheit ist die Aggressivität deutlich stärker ausgeprägt als die Geselligkeit. Bei genauer und gründlicher Beobachtung in der Jetztzeit, sind diese Verwandtschaft zu den Affen und die Aggressivität nicht zu leugnen. Im Besonderen ist es die Aggression, mit der die früheren Affen und heutigen Menschen ihren Besitzstand und ihre Territorien verteidigen und mehren wollen.

Es gibt auch durchaus schöne Eigenschaften am Menschen zu beschreiben, wenn er positiv schöpferisch tätig ist.

Wenn man einem Menschen bei der Arbeit mit Hand und Kopf zuschaut, kann das ein Genuss sein. Es ist das Erlebnis der Arbeit, das den Menschen formt. Er ist handwerklich tätig und auch in Wissenschaft, Kunst und Kultur unterwegs. Nicht allein die Beobachtung des Menschen bei der Arbeit kann ein Genuss sein. Der Mensch selbst erlebt die Höhen der Erkenntnis im Umgang mit Wissenschaft, handwerklicher Arbeit, Kunst und Kultur, sowie im Miteinander. Die menschliche Hand ist ein wahres Wunder der Natur. Die Menschenhand erreichte einen Grad der Vollkommenheit, wie er auf Gemälden von Raffael zu sehen ist.[04] Ein Ludwig van Beethoven schrieb Klavierstücke, bei denen andere Künstler zweifelten, ob man sie auf dem Klavier überhaupt händisch greifen kann. Es gibt immer wieder und bis in die heutige Zeit Menschen mit erstaunlichen Fähigkeiten. Der Mensch kann bei allen schönen Dingen im Miteinander und in der Familie ein Füllhorn voller Glück haben. Dieses Füllhorn hat aber leider immer mal wieder ein Loch. Humanismus und Liebe sind für die meisten Menschen der große Zusammenhalt. Diese beiden Dinge werden regelmäßig durch Kriege außer Kraft gesetzt. Selbst wenn die Mehrheit der Menschen auf der ganzen Erde für Humanismus und Liebe plädiert, gibt es eine Minderheit, die dem entgegensteht. Diese Minderheit ist an Brutalität nicht zu übertreffen. Sie ist die Brutalität selbst. Ihr gehört mittlerweile zu großen Teilen der gesamte Reichtum dieser Welt. Die Verteilung und Mehrung des Reichtums werden in der Öffentlichkeit auch dargestellt, als hätten sie mit Leistung zu tun. Leistung geknüpft an Personen sollte immer mit Rückschlüssen auf Fleiß und Leistungsfähigkeit zu tun haben. Diese einfachen Zusammenhänge sind bei der allmächtigen und brutalen Minderheit außer Kraft gesetzt. Selbst die reichsten Personen sind Gefangene des Systems. Keiner der reichsten Menschen auf dieser Erde braucht soviel Geld und andere Güter zum Lebensunterhalt. Ein solcher Reichtum bedeutet aber Macht im System.

Es gibt für die Mächtigen dieser Welt zu keinem Zeitpunkt mehr den Zustand der Zufriedenheit. Beispiele von Einzelpersonen, die große Teile ihres Vermögens spenden und allgemein nützlichen Zwecken zur Verfügung stellen, sind Ausnahmen. Ausnahmen bleiben auch die positiven Handlungen der Erben dieser Superreichen. Ein junger deutscher Freiwilligenhelfer war 2011 für 14 Tage im japanischen Fukushima und konnte dort auch etliche Millionärssprösslinge aus Australien und den USA beobachten, als diese Lebensmittel in den abgelegenen Dörfern verteilten, die vom Erdbeben zerstört worden waren. Wenn sie etwas Nützliches tun, sollte man sich nicht darüber mokieren.[06] Diese Handlungen beweisen Logik, Verstand und Menschlichkeit. Im Bereich der Waffenindustrie, der Prostitution, des Rauschgifthandels, der Großkonzerne und der Bankenwelt sind solche Handlungsweisen eher selten oder nicht bekannt. Den geschilderten Reichtum sollte man nicht zwingend an Personen festmachen. Natürlich sind es Personen, die da handeln – an erster Stelle steht aber immer das System. Dieses System spuckt jeden aus, der nicht systemimmanent ist. Es ist lange her, als Jesus sagte: „Eher geht ein Kamel durch ein Nadelöhr, als das ein Reicher in den Himmel kommt." Die wirklich Reichen haben sich den Himmel schon auf Erden geschaffen. Das konnte Jesus von Nazareth, König der Juden, der nur 33 Jahre wurde, noch nicht wissen. Er konnte auch nicht wissen, dass 130 Jahre nach ihm das Pfingstfest als Geburtstag der Kirche gefeiert wird.[05] Die Kirchen sind keine armen Institutionen. Als Zeichen des Pfingstfestes gilt die Taube. Nach christlicher Lehre senkte sich der Heilige Geist auf Jesus, als er getauft wurde – in Gestalt einer Taube. Noah liess bei der Sintflut von allen Tieren auf seiner Arche zunächst die Tauben frei. Eine von ihnen kehrte mit einem Ölzweig im Schnabel zurück. Das war das Zeichen, dass die Flut überstanden war und Gott Frieden mit den Menschen geschlossen hatte. Das Symbol der Friedenstaube findet sich auch 1949 in einer Zeichnung von Pablo Picasso wieder. Der Wunsch nach Frieden ist also sehr alt und offensichtlich nicht zu erreichen.

Die Arbeit ist nach Betrachtung der politischen Ökonomen die Quelle allen Reichtums.

Obwohl das so ist, gibt es gravierende Unterschiede zwischen den Menschen. Es können nicht alle gleich reich sein. Trotzdem ist der Unterschied und Leistungsanteil zwischen einer ordentlichen Putzfrau und einem Multimillionär kaum einleuchtend zu erklären. Die Rolle des Geldes ist wahrscheinlich eines der größten Übel, das die Menschheit hervorgebracht hat. Geld ist zuweilen ein Chamäleon. Man kann damit Waren kaufen, man kann es ansparen, um mehr davon zu haben, es gibt den Notgroschen, man kann Geld ohne Feuer verbrennen, es dient der Bestechung, es ist brutal und tödlich und es kann nutzlos inflationär sein. Geld bietet den Menschen den Zugang zu jeder erdenklichen Schurkerei. Mit Sicherheit gäbe es durchaus sinnvollere Dinge auf dieser einen Erde, die man mehren sollte.

Der Mensch hat den Zeitpunkt verpasst, sich eine Ordnung zu schaffen, in der er mit der Natur auskömmlich leben kann. Es wird vieles Wichtige nur halbfertig gedacht und gemacht. Das Unfertige ist allgegenwärtig. Rechtzeitige Korrekturen wären aber immer möglich, wenn die Notwendigkeit erkannt ist. Der Wille zur Veränderung ist jedoch sehr schwach entwickelt. Die bloße Erkenntnis, dass Änderungen notwendig sind reicht nicht aus, man muss es auch tun. Der nötige Wille dazu müsste von grundsätzlicher Art sein.

Dieser Mensch sucht nach einem Glück, dass ihm offensichtlich nicht gehört. Er zeichnet all sein Tun mit den Zeichen der Inkonsequenz und Schwäche. Es gibt also nichts Vollkommeneres auf Erden als das Unglück.

Sein Verhalten führt zu dem kollektiven Selbstmord, der der Menschheit bevorsteht. Wenn dieser Selbstmord vollendet ist, kann die Erde sich wieder von der Menschheit erholen. Das Schöne am Kapitalismus ist also tatsächlich und zwangsläufig die Rettung der Erde und damit der Natur ohne Menschen.

Die Menschheit befindet sich nun im Endspiel mit der Natur. Es ist völlig überflüssig, nach dem Favoriten in diesem Spiel zu fragen.

Es wird nicht mehr möglich sein, alle Probleme und Defizite durch Forschung und Entwicklung in Wissenschaft und Technik zu kompensieren. Mit der Natur kann man nicht verhandeln. Der Mensch erkennt den Zustand seiner Welt und ist nicht bereit, sich zu ändern und zu verzichten. Forschung und Entwicklung sind große Möglichkeiten, bestimmte Dinge zu reparieren oder neu zu schaffen. Die Zaubermittel der künstlichen Intelligenz und die Digitalisierung sind kein Ausweg aus diesem Dilemma. Die künstliche Intelligenz ist nicht zu verwechseln mit der Entwicklung von modernster Technik und Robotern als Hilfswerkzeuge. Die künstliche Intelligenz dient der Überwachung der gesamten menschlichen Gesellschaft. Der Mensch wird vermessen. Die Gesellschaft wird durch Wirtschaftsakteure umgestaltet, die mit digitalen Algorithmen, Applikationen (Apps) und Statistiken arbeiten. Politik und Demokratie laufen dieser Entwicklung nur noch hinterher. Mathematische Daten und Zahlen haben heute schon eine riesengroße Macht über die Gesellschaft. Die Akteure, die sich mit künstlicher Intelligenz beschäftigen, haben kein Interesse mehr an herkömmlicher Philosophie, Literatur oder kulturellen Referenzen. Sie haben aber die Macht. Es ist außerordentlich gefährlich, wenn Macht sich sicher fühlt. Das Wort „künstlich" im Begriff „künstliche Intelligenz" ist falsch. Menschliche Intelligenz basiert auf kausalen

Argumenten, künstliche Intelligenz hingegen imitiert nur die Ergebnisse unseres Denkens. Künstliche Intelligenz muss also mit Millionen von menschlichen Aktionen gefüttert werden, um damit produzieren zu können. Es gibt bestimmt gute Einsatzmöglichkeiten, die aber eine persönliche Disziplin voraussetzen. In diesem Zusammenhang muss ein Privateigentum an personenbezogenen Daten geschaffen werden. Der Mensch hat heute seine Autonomie teilweise schon an die Maschine abgegeben. Allein dem System der Benachrichtigungsempfehlungen folgt er blind. Es braucht technische und rechtliche Konsequenzen, damit der Mensch seine Autonomie behält oder zurückerlangt. Begriffe wie Demokratie, Diktatur, Gesellschaft, Humanismus, Wohlstand und Selbstbestimmung müssen völlig neu bewertet werden. Seit Jahren zeigen die Chinesen im großen Stil, dass Kapitalismus unter Führung ihrer kommunistischen Partei funktioniert. Sie nennen es sozialistische Marktwirtschaft. Sie haben ein Umfeld für Reformen geschaffen, das neue Ideen zulässt. Deng Xiaoping, dem Vordenker dieser Entwicklung, war klar, dass es egal ist, ob die Katze schwarz oder weiß ist, Hauptsache, sie fängt Mäuse. In Asien arbeiten die KI-Ingenieure am Bau einer intelligenten Stadt – oder wie sie es nennen: Ein Stadthirn, das alle möglichen Informationen über die Stadt und ihre Bewohner sammelt. In Europa glaubte man über drei Jahrhunderte, dass wirtschaftlicher Wohlstand, Demokratie und individuelle Rechte Hand in Hand gingen. In der heutigen Welt muss auch in Europa ein Gleichgewicht zwischen Wohlstand und Freiheit gefunden werden, damit nicht das eine gegen das andere steht. Der chinesische Philosoph Konfuzius war zufrieden damit, der Macht und Justiz zu helfen. Sokrates stand gegen die politische Macht seiner Zeit und wurde hingerichtet. Obwohl in Europa die Rebellion eine andere Tradition hat, steht die Welt insgesamt vor den gleichen Fragen. Konfuzius und Sokrates trennte nur ein Jahrhundert – ein Wimpernschlag in der Zeitgeschichte. Es ist also völlig irrig zu glauben, dass der Mensch einer bestimmten Staatsform bzw. Gesellschaftsform bedarf, um seine Rücksichtslosigkeit gegenüber der Natur auszuleben. Es sei denn, die Lebensstrukturen respektieren die Natur. Jede bisherige Staatsform ist ihrem Wesen nach immer auch eine Diktatur. Menschen werden immer beeinflusst und in gewissem Sinne gesteuert. Der freie Wille und die Autonomie eines Menschen werden zum Luxus. Noch nie wurde diese Beeinflussung und Steuerung zum Nutzen der Natur perfektioniert. Es werden immer Bedürfnisse erzeugt, die dem entgegenstehen. In manchen Gegenden der Welt fühlt sich der heutige Mensch nackt, wenn er sein Mobiltelefon oder seine Fitnessuhr nicht bei sich führt. Diese Beispiele sind nur Winzigkeiten gegenüber eines gigantischen Energieverbrauchs in dieser Welt. Der Haupthebel ist der Verzicht auf völlig aus dem Ruder gelaufene Verhaltensformen, Produktionsstrukturen und Produkte. Das Prinzip von Nachfrage und Angebot ist nicht selten außer Kraft gesetzt. Es werden Märkte geschaffen, wo gar keine Nachfrage war oder ist. Es werden Dinge produziert, die die Welt nicht braucht. Nicht alles entsteht aus den Bedürfnissen der Menschen, vieles entsteht nur in den Köpfen. Alles wird zur Ware und letztlich auch der Mensch. Die wirtschaftlich hoch entwickelten Länder verbrauchen auf ihrem jetzigen Niveau in Zukunft so viele Rohstoffe, dass es für den Rest der Welt gar nicht mehr reicht.

Die Realisierung von unbedingtem Profit führt zu den nachfolgend kuriosesten Formen. Wenn man die Sonne patentieren könnte, wäre das schon längst gemacht worden. Die Luft, die wir in Urlaubsgebieten atmen, ist noch steuerfrei, das muss aber nicht so bleiben. Der Fetischismus des Geldes als Grundübel unserer Zeit erreicht eine wahnwitzige Macht in diesem Gesamtsystem. Die Herrschaft von bankrotten Banken ist keine Seltenheit mehr. Sie werden mit Hilfe von Regierungen durch den Kollektivismus des Steuerzahlers gerettet. Wie lächerlich ist der Überfall auf eine Bank im Vergleich zu der Gründung einer Bank. Wachstum entsteht zunehmend auf fiktivem Kapital. Ein irrsinniger Kreislauf von Geld, Geldverleih, Zinsen und zyklisch wiederkehrender Inflation begleitet von Korruption führt zu einem ständigen Ungleichgewicht. Der letzte große Eingriff in Gesellschaft und Natur ist der Besitz an Grund und Boden als

Spekulationsobjekt. Es werden Eingriffe in die Natur vorgenommen, die nicht nur die erste, zweite und dritte Rückwirkung auf die Menschheit deutlich erkennen lassen. Trotz allen Wissens um diese Wirkungen gibt es kein Einhalten. Es ist völlig egal, in welchem Land dieser Erde die Natur verletzt wird, die Folgen trägt die gesamte Menschheit.

Alle Kriege der Menschheitsgeschichte haben kein einziges Problem gelöst, sie haben nur Probleme geschaffen. Alle Zerstörung ging zu Lasten der Natur. Allein der Regenwald ist so verletzt, dass man die Folgen nicht zu Ende denken möchte. Der Anblick von Wäldern in Europa kann einem heute schon Angst machen. Sollte der Golfstrom nicht besser geschützt werden, könnte ein weiteres Drama auf die Menschheit zukommen. Das Nichtbeachten der Lebensumstände von Kleinstlebewesen wird brutale Folgen haben. Naturwissenschaftler müssen endlich ernst genommen werden. Sie warnen seit Jahren vor dem „Aus" der Menschheit. Diese Aussagen haben nichts mit Panikmache zu tun. Die Menschheit ist eine Schicksalsgemeinschaft auf diesem Planeten.

Bis in die heutige Zeit kann man keinen Ansatz von wirklich menschlicher Vernunft erkennen. Alle vernünftigen Überlegungen werden auf lang oder kurz von dem Streben nach Profit zerstört. Die Menschen bewerfen sich wie einst die Affen mit Steinen, wenn das Revier verteidigt werden muss.

Die Lösung kann nur eine Ordnung sein, die die Natur respektiert und erhält. Das geht nur mit Menschen und nicht mit Affen – oder doch nur mit Affen? – oder besser ohne diese Gattungen. Der Mensch muss die Ordnung wiederfinden, die als Korrektiv zu seiner Natur gehört. Mehr denn je herrscht Krieg aller gegen alle, auf allen Gebieten des menschlichen Lebens. Besitzergreifend müssen wir jeder für sich, milliardenfach, eine Welt erraffen, auf dieser endlichen Erde. Es ist offensichtlich, dass der Mensch mit dieser Verfassung keine 200, 300 oder 400 Jahre mehr überleben wird.

Der weltgeschichtliche Beitrag Europas ist die allgemeine Emanzipation der meisten Menschen von der Stufe der Arbeit auf die Stufe unternehmerischer Konkurrenz.[02] Das bedeutet die Herrschaft des unternehmerischen Prinzips. Dieses Prinzip herrscht in allen Dimensionen unserer Praxis, nicht zuletzt auch in Wissenschaft, Technik, Staat, Kunst und Kultur sowie der Philosophie.

Der bürgerliche Mensch ist grundlegend von seiner Wirtschaft und von der Geldvermehrung besessen. Die Psychodynamik des Geldverdienens ist ihrem Wesen nach expansionistisch.[02] Die Weltregierung feiert durch das Geld ihren scheinbar endgültigen Sieg. Der Mensch gestaltet sein Geschick nicht auf neue Weise, sondern auf die alte, geldorientierte Art. Es regiert der ökonomische Imperativ und somit der kategorische Imperativ des Geldes. In dieser Logik liegt die Selbst- und Weltzerstörung sowie die Selbstausrottung.[02] Diese Dinge sind in der heutigen Ordnung elementar miteinander verkuppelt.[02] Die Klassengegensätze in dieser Gesellschaft sind verwischt. Der einstige Gegensatz von Bürgertum und Proletariat, der klar schien, wie Nord- und Südpol, wie Schwarz und Weiß, ist nicht mehr Hauptgegenstand und Erklärung in der Gesellschaftslehre. Große Teile von unterschiedlichen Klassen und Schichten sind in andere übergegangen, wie zum Beispiel große Teile des Proletariats in den Mittelstand Einzug hielten. Keiner der Gesellschaftstheoretiker der Vergangenheit konnte den heutigen Zustand in dieser Komplexität voraussehen. Vieles konnte nur in seiner Tendenz erkannt werden. Dass aber der sogenannte aktive Faktor als einer von drei Gründen zum Umsturz der alten bzw. jetzigen Ordnung führen wird, ist aus heutiger Sicht falsch. Es gibt im jetzigen Stadium der Gesellschaften keine Schicht oder Klasse, die einen solchen Organisationsgrad hat, als dass sie zielgerichtet handeln könnte. Das Prinzip „teile und herrsche" scheint gesiegt zu haben. Die einzige Klasse, die zielgerichtet und zwangsweise agiert, ist das Groß- und Finanzkapital in all seinen analogen und digitalen Formen.

Auge um Auge erblindet die Welt vor diesem Zustand.

Alle Fragen und Probleme, den Menschen betreffend, führen immer wieder nur zu dem Schluss: Der Mensch ist eben so.

Ja, der Mensch ist so. Er ist eine Bestie und quält nicht nur sich und seinesgleichen, sondern auch die Natur und die unschuldigen Tiere. Diese Probleme sind keine medizinischen, sondern bleiben gesellschaftliche.

Der Mensch ist nicht mehr der alte Affe, der sich nicht befreien könnte, der aus seiner Haut nicht heraus käme. In seinem jetzigen Stadium hat der Mensch deutlich andere Züge an sich. Es bleibt nur, dass er aus seiner Haut nicht herauskommt, weil der Wille dazu fehlt. Es wäre nur wünschenswert, dass er es täte. Die Menschheit zerfällt in den männlichen Teil, der derzeit noch die mächtige Rolle spielt, und den weiblichen Teil. Es ist eine trügerische Hoffnung zu glauben, dass der weibliche Teil die Lösung des Problems sein könnte. Beide Teile haben dieselbe Herkunft. Der Mann ist der Jäger, das Weib ist das Wild. Der Jäger jagt das Wild so lange, bis das Wild den Jäger erlegt. Diese kleine philosophische Spielerei beweist nur die gleiche Herkunft dieser beiden Teile. Im Karneval der Tiere wird der Löwe als König benannt. In diesem Karneval gehört der Mensch an die erste Stelle. Er verkörpert all das an positiven und negativen Eigenschaften, die den Tieren entliehen bzw. angedichtet werden. Der Mensch übertrifft selbst alle diese Eigenschaften.

Das so genannte „moderne Leben" ist nicht für alle Menschen erreichbar. Obwohl jeder Mensch in dieser Welt ein Mobiltelefon zu besitzen scheint, gibt es doch noch Menschen ohne Handy. In den Gegenden der Welt, wo man modern und digital unterwegs ist, wird man in bestimmten Bereichen eine digitale Müdigkeit feststellen. Diese Müdigkeit kommt aus einer gewissen Sinnlosigkeit dieser Lebensart. Es fehlt vielen Menschen eine aktive gestalterische Arbeit mit einem sinnvollen Ergebnis. Der Mensch überholt sich selbst. Die Frage, ob der Mensch für die Wirtschaft da ist oder die Wirtschaft für den Menschen, ist offensichtlich beantwortet. Der Wirtschaftsmarkt ist der Platz, auf dem dieses Spiel stattfindet. Der ganze Irrsinn und Aberwitz findet keine Lösung. Es gibt immer wieder neoliberale Erklärungsversuche und Lösungsvorschläge, die aber nicht wirklich neu sind, im Sinne von „neu." Einfache Wahrheiten haben es in einer verbildeten Welt schwer. Intelligenz und Dummheit sind nicht die gleiche Dimension. Man kann aber mit einer riesigen akademischen Bildung, dumme oder auch überflüssige Entscheidungen treffen. Die Wahrheit kann immer alleine aufrecht stehen, nur die Lüge muss durch persönliche oder politische Interessen gestützt werden. Wir fliegen ins Weltall und nehmen alle Probleme der Erde mit in diesen Raum. Wir haben es geschafft, die Erde und die Meere zu vermüllen. Das Weltall beginnt schon, der nächste und damit auch der letzte Müllplatz der Menschheit zu werden.

Der Physiker Albert Einstein sprach von zwei unendlichen Dingen. Einerseits vom Universum und andererseits von der menschlichen Dummheit. Er schränkte ein, dass er beim Universum nicht ganz sicher sei. Der Pazifist Muhandas Karamchand Gandhi, genannt Mahatma Gandhi, eröffnete der Welt einige Wahrheiten, die nicht gewollt waren und auch nicht verstanden werden sollten:

„Die Welt hat genug für jedermanns Bedürfnisse, aber nicht für jedermanns Gier."
„Was man mit Gewalt gewinnt, kann man nur mit Gewalt behalten."

Man sollte keinen Menschen der Öffentlichkeit überhöhen. Die Geschichte zeigt, dass alles und jeder in den verschiedenen Betrachtungsweisen zerrissen wird. Diese Fähigkeit des Zerreißens, Zerstörens, des Lügens, der Ignoranz und die Gewissenlosigkeit gehören zum Menschenbild.

Die Menschen, die nicht in der Öffentlichkeit stehen und jeden Tag redlich für das Gemeinwohl und ihre Familien sorgen, sind bis heute das Rückgrat der Zivilgesellschaft. In diesen einfachen Strukturen finden wir solche Tugenden wie Achtung, Respekt und Liebe. Die Grundlage für dieses Leben ist und bleibt die Arbeit. Diese materielle und technische Grundlage ist die

Basis für jedes zivile Leben. Über die Verteilung der Ergebnisse der Arbeit und die Anteile daran, gibt es seit jeher Differenzen. Die Menschen, die in einfachen Strukturen leben, sollten ihr Auskommen haben, im Miteinander leben und ein Zukunftsdenken in Verantwortung haben. Menschen miteinander wären also eine Hoffnung. Es gibt aber nur Menschen, die herrschen und solche, die beherrscht werden. Um zu herrschen, braucht man eine Anzahl anderer Menschen. Das Herrschen eines Einzelnen über sich selbst hat es noch nie gegeben. Keinem Menschen gehören diese Natur und diese Erde. Die Herrschenden gebären sich aber so, als gehören sie ihnen.

Die menschliche Natur folgt dieser Erkenntnis leider nicht. Der Mensch ist ein gesellschaftliches Wesen und folgt letztlich den Zwängen der Gesellschaft, in der er lebt. Die Art und Weise der Gesellschaft sollte der Schlüssel für die Menschen sein. Auf der Suche gab und gibt es zu allen Zeiten und bei allen Völkern, Märchen. In Märchen ist Platz für Gut und Böse, für Arm und Reich, für Stark und Schwach, für Hässlich und Schön.

Märchen machen oft Hoffnung auf ein gutes Ende. Sie bleiben aber Märchen.

Diese moderne Welt gibt massenhaft Anlässe und Ansätze zum Neugestalten und Nachdenken.

Das Weltall wird zum neuen Rummelplatz. Es dient nicht in allererster Linie der Forschung und Entwicklung des Neuen zum Nutzen aller Menschen. Es gibt für alle erkennbar Begleiterscheinungen wie Weltraumtourismus, Privat- und Profitinteressen.

Diese Entwicklung haben sich die ersten Menschen im All nicht im Traum vorstellen können.

Alle Menschen, die bisher aus dem Weltall auf die Erde schauen durften, haben einen blauen Planeten gesehen der unbedingt erhalten und geschützt werden muss. Ein gutes Leben, muss nicht den Planeten kosten.

Zu jeder Zeit gab es Nahrungsverschwendung und Hungersnöte. Die Menschheit ist bis heute nicht in der Lage diesen Widerspruch aufzulösen. Es ist diese Rücksichtslosigkeit beim Raffen und Fressen, die den Unterschied macht.

Bei allen Erkenntnisprozessen lernte der Mensch nicht seine Aggressivität mit Vernunft zu beherrschen und einen Wert erhaltenden Umgang mit der Natur zu pflegen. Die Geschichte lehrt die Menschen, dass die Geschichte die Menschen nichts lehrt. Seit der Antike wissen wir, dass die Geschichte von den Siegern geschrieben wird. Die Deutungshoheit fällt also zwangsläufig den Siegern zu. Das muss falsch sein, weil es ja auch Besiegte gibt, die Geschichte deuten müssen. Besiegte sind mit dem Wort „Verlierer" selten richtig beschrieben worden. Die jetzt vorherrschende Produktionsweise und der Klimawandel sind ausbuchstabiert. Alle Weltklimakonferenzen der letzten Jahre brachten auf Grund ihrer Verlogenheit keinen Fortschritt. Es ist unumgänglich, auch die Umweltzerstörung der sogenannten erneuerbaren Energien zu betrachten. Man muss den Primärenergieaufwand dem zu erwartendem Nutzen gegenüberstellen. Energie zum Nulltarif gibt es nicht. Eine brutal ehrliche und ökologische Betrachtung dieser Zusammenhänge ist notwendig. Die Natur handelt noch schneller als gedacht. Die Wirtschaftsprofiteure kalkulieren aber trotzdem den Untergang mit ein und reißen alles und jeden mit sich. Der Gigantismus in der Architektur der großen Städte auf dieser Welt ist ein Beweis für die Selbstdarstellung und den Größenwahn der reichen Eliten. In der Bibel spricht man vom Turm von Babel – „lasst uns eine Stadt und einen Turm bauen, dessen Spitze bis an den Himmel reiche, dass wir uns einen Namen machen." Es ist unwichtig, ob die Wissenschaft die Existenz des Turms von Babel eindeutig nachweist oder nicht. Alle gigantischen Bauten haben das gleiche Ansinnen. Schlösser, Burgen, Mauern und Kirchtürme sind Manifestationen. Über jede Kirchturmspitze hinaus gehen Bauten in Dubai, London, Moskau, Paris, Shanghai, Singapur, Peking, Hongkong, New York oder Las Vegas. Dieses Las Vegas im US-Staat Nevada ist das bislang berühmteste Spielcasino der Welt. Das ständige Befriedigen unstillbarer Spielsucht ist einfach nur verrückt und vulgär. Die Ganoven dieser Welt legen sich gegenseitig rein. Eine Utopie als Stadt, mit einem absoluten Optimismus und einer gütigen, sozialen und schönen Architektur kommt einem Traum gleich. Architektur muss eine menschenbezogene Sprache sprechen. Auch wenn sich gestalterische Schönheit nicht immer herstellen lässt, so muss sie doch zweckmäßig sein. Würde, Haltung und Engagement für Menschen sollte erkennbar sein. Die Hoffnung, dass der Mensch durch seine Erkenntnisse der Natur immer ähnlicher wird, ist aber ins Gegenteil verkehrt. Der Mensch ist nicht daran interessiert, die Folgen seiner Handlungen vollumfänglich zu akzeptieren. Durch die Wechselwirkungen seines Tuns ist er nicht in der Lage in den einfachsten Dingen klar zu sehen. Die Vernunft steht dem jetzt gültigen Wirtschaftssystem entgegen. Kein Raubtier vernichtet seine eigene Existenz durch ständiges, unentwegtes Fressen. Der Mensch als höchst entwickeltes Tier glaubt, das durch ständiges Wachstum zu schaffen. Wachstum, losgelöst von den real möglichen Kapazitäten, kann man durchaus als Größenwahn bezeichnen. Der Wachstumszwang, den die kapitalistische Ordnung inne hat, muss entkoppelt werden von Ressourcen und Energieverbrauch. Die zur Verfügung stehenden Kapazitäten sind endlich. Wenn das nicht gelingt, bricht die unvermeidlich letzte Krise dieses Systems mit allen sozialen Verwerfungen über die Menschheit herein. Die Dinge nur geschehen zu lassen kann nicht die Lösung sein. Die Erde ist ein lebender Organismus. Lebende Systeme erhalten sich nur in funktionierender Natur und Kreislaufwirtschaft.

Die Religion entstand mit der Herausbildung des menschlichen Geistes.[04] Sie ist das Spiegelbild des menschlichen Gehirns. Bis in die heutige Zeit ist es vollkommen normal, dass der Mensch sich die Welt erklären möchte. Tatsachen, Widersprüche und Wunschdenken begleiten diesen Prozess.

Eine gottlose Welt ist nicht wünschenswert, da die Religion positive Normen und Verhaltensweisen prägt. Wirklichkeit und Realität müssen aber ständig dem Wunschdenken weichen.

Wenn man dem Spruch folgt „Gott, der Herr nahm also den Menschen und setzte ihn in den Garten von Eden, damit er ihn bebaue und hüte", so folgt, dass der Mensch seinen Schöpfer und Herrn bitter enttäuscht hat. Dieser Gott muss einen reichlichen Vorrat an Heiterkeit haben, um alles, was in der Welt vorgeht, so ruhig mit anzusehen. Die Menschheit bekommt keine zweite Chance wie Jona im Bauch des Wales.

Es ist völlig egal, ob man dieses Problem religiös oder wissenschaftlich angeht, das Ergebnis ist vernichtend.

Im Neuen Testament gibt es zwei Vorstellungen des Weltgerichts, einerseits mit der Rache und Bestrafungsfantasie der Johannes-Apokalypse, andererseits mit dem humaneren Wort aus dem Johannes-Evangelium: „Das ist aber das Gericht, das das Licht in die Welt gekommen ist, und ihr habt es nicht erkannt."[02]

Die Naturwissenschaften erklären die Natur und deren Erscheinungen auf Grund von Erkenntnissen. Für die Menschheit sind diese Erkenntnisse im wahrsten Sinne überlebenswichtig.

Alle Erkenntnisse über Natur und Gesellschaft hätten einer neuen Ordnung der Produktion und des Zusammenlebens bedurft. Eine Ordnung diesen Typs hat es wohl nur kurze Zeit und in den frühesten Anfängen gegeben.

Es wäre so einfach gewesen!

Eine sehr große Anzahl von Menschen hat Nachkommen und Enkelkinder. Sie haben in den meisten Fällen auch eine Oma. Die Omas dieser Welt sagen seit Generationen: „Kinder, was aus mir wird, ist egal, was wird aber aus euch?" Mit der Geburt der eigenen Kinder erfährt jeder Mensch das eigentliche Wunder der Natur. Kein Mensch wird als schlechter Mensch geboren. Dieses Wunder wird in der Regel behütet und beschützt. Diese Zartheit und Schönheit sind unübertroffen. Es gibt tatsächlich nichts Schöneres. Das, was auf den kleinen Menschen zutrifft, spiegelt sich genauso in den Knospen und Blüten der Pflanzen und in der Tierwelt.

Diese unbändige Freude und Schönheit des Lebens schreit geradezu nach einer Ordnung, die das alles in einem natürlichen Prozess des Werdens und Vergehens einschließt. Einzig in der menschlichen Gesellschaft wird aus gut böse. Wie schließt man also das Böse aus? Als schnelles und unmittelbares Mittel gibt es dazu nur das Verbot. Auf lange Sicht muss eine Ordnung erbaut werden, die dem Bösen die Grundlagen entzieht.

Real betrachtet ist eine Ordnung dieser Art nicht mehr möglich. Die letzten Worte im „Vaterunser" sind: Sondern erlöse uns von dem Bösen. Alle Versuche, eine solche Ordnung zu schaffen sind gescheitert. Keine Bibel und keine Schrift haben den Menschen daran gehindert, sich selbst zu zerstören. Selbst wenn man theoretisch überzeugt sein kann, eine friedliche Ordnung zu schaffen, ist der Mensch in seiner Praxis immer schneller im Zerstören, als dass er nach einer vernünftigen Ordnung strebt.

Es ist eine bewusste Selbstzerstörung. Jedes Bedauern ist Heuchelei. Die Menschheit steht ihrem Schicksal völlig hilflos gegenüber.

Wie sollte es also möglich werden, dass der Zusammenhang von Arbeit, Sprache und Gehirn in seiner ständigen Weiterentwicklung keinen Abschluss findet?

Den Abschluss setzt die Natur selbst, da sich der Mensch selbst außerhalb der Natur gestellt hat.

Das Gehirn findet sich mit dem Zustand der Welt ab, die Sprache, das Wort geht verloren und die Arbeit wird eingestellt.

Für jeden Menschen, der dieses Schicksal gerne verhindert hätte, ist es nur möglich, sein Leben mit Anstand, Ehrlichkeit und Demut zu verbringen, bis ihm die Grundlagen dazu genommen werden. Der Anstand wird von jeher durch Unanständigkeit bedroht, Ehrlichkeit von Lüge und Demut von Gewalt. Man muss aufpassen, wenn man Fremden begegnet, damit man nicht sofort seine eigenen Werte an deren Verhalten anlegt. Auf diese Weise kann man sich und die Seinen schützen.

Zum Lauf dieser Welt gehört aber auch, dass die Unanständigen, die Lügner und die Gewalttätigen nicht das ewige Leben haben, und trotzdem sterben sie nicht aus.

Das Sterben hat viele Varianten. Die meisten davon kann man nicht beeinflussen. Der Mensch, der aus gesundheitlichen Gründen sterben muss, nimmt oft noch Rücksicht bis zum letzten Seufzer. Das wissen alle, die einen Sterbenden begleitet haben. Sterbende nutzen oft einen Moment der Unbeobachtetheit, um es dem Sterbebegleiter leichter zu machen.

Der religiöse Glaube, dass es nach dem Leben auf der Erde noch ein anderes Leben geben wird, ist für viele Menschen tröstlich.

Es herrscht dann endlich Frieden und die Sorgen sind abgelegt. Die Hoffnung, dann alle Menschen wieder zu treffen, die einem wichtig, lieb und teuer waren, ist eine wunderbare Vorstellung.

Der Versuch eines Ausweges

Es ist keine neue Erkenntnis, dass Lüge, Hass, Eifersucht, Missgunst, Betrug, Egoismus und Gier kaum zu überwinden sind. Diese Dinge gehören zum Menschen. Es braucht also eine Möglichkeit, diese Untugenden zu überwinden und auszuschalten. Durch die Vernunft wird das auf keinen Fall gelingen. Der Mensch lebt unter Zwängen, die ihn in diese Lage geführt haben. Warum sollte es nicht auch Zwänge geben, die ihn aus dieser Lage befreien können?

Die Welt hatte nicht viele Chancen für eine Umkehr zum Besseren. Die bisher letzte große Möglichkeit war die neue Politik, die aus der mittlerweile untergegangenen Sowjetunion kam. Dieser Zeitpunkt war erstmalig nicht unmittelbar nach einem verheerenden Krieg, sondern vor einem möglicherweise letzten Weltkrieg. Sie begann unter der Führung von Michael Gorbatschow im Jahr 1985 des jetzt gültigen Kalenders der neuen Zeitrechnung und endete im Jahr 1991. Es kann nicht falsch sein, die Kriege der Menschheit zu beenden und für alle Zeit unmöglich zu machen, die Welt militärisch abzurüsten und eine neue Ordnung anzustreben. Es war klar, dass das nicht ohne eine lange Zeit des Übergangs gehen wird. Das Hauptziel war aber Kriege unmöglich zu machen und den Hunger auf der Welt zu beseitigen. Alle Länder der Erde konnten sich an dieser neuen Ordnung beteiligen. Ausnahmslos alle Länder der Erde haben genug Potential, um für ihre eigene Bevölkerung solche Bedingungen zu schaffen. Es gibt darunter eine große Zahl von Ländern, die über deutlich mehr Potential verfügen. Der Korb des Reichtums dieser jetzigen Welt schien wieder eine Zukunft von unerschöpflichen Möglichkeiten aufzuzeigen. Die Möglichkeiten waren für die ganze Welt einsehbar. Diese Politik war für jedermann zu verstehen, weil sie einfach, gut und vernünftig war. Der Weg der Vernunft schloss sich leider von vornherein und von selbst aus, weil er für einen kleinen aber starken Teil der Gesellschaften nicht begehbar ist. Er ist nicht unbegehbar, weil er zu schwierig wäre, nein, er wird abgelehnt. Das Großkapital bestimmt den Weg. Diese unumstößliche Wahrheit wurde Michael Gorbatschow zum Verhängnis. Er, der Unschuldige, blieb mit seinen Irrtümern allein. Das Großkapital vagabundiert um den Erdball, ist scheu wie ein Reh oder es ist wie Wasser, das sich den Weg des geringsten Widerstands sucht. Es hat keine Heimat und agiert völlig rücksichtslos. Es muss dorthin, wo Profit zu generieren ist. Dieses Kapital nutzt alle Feindseligkeiten und Hasspotentiale unter den verschiedenen Ländern und Völkern aus. Flüchtlingsströme sind eine logische und gewollte Konsequenz aus diesem Agieren. Diese Ströme und deren Wirkung werden bei Kriegen und strategischen Auseinandersetzungen wie selbstverständlich kalkuliert und geplant. Mittlerweile vagabundiert nicht nur das Kapital um den Erdball, sondern auch Vieren (künstlich erzeugt oder nicht) und Insekten, die immer wieder zu Seuchen führen können. Deutliche Probleme entstehen auch dadurch, dass Tiere und Pflanzen neue Heimaten finden, die so nicht geahnt werden konnten. Das übliche Militärgehabe kann durchaus von solchen Einflüssen überholt werden. Die spanische Grippe am Ende des Ersten Weltkrieges sollte als Beispiel genügen. Diese Grippe wurde mit dem Eintritt der USA in den Ersten Weltkrieg von dort nach Spanien eingeschleppt. An ihr starben Millionen von Menschen.[22] Solange die Teile des Großkapitals auf dieser Welt Kriege herbeiführen und über die Vernunft siegen können, werden sie es tun. Sie werden es mit allen bekannten Untugenden tun, um ihre Existenz und ihre Macht zu behaupten. Der Zweite Weltkrieg wird oft nicht als so komplex betrachtet, wie er tatsächlich war. Das faschistische Deutschland war der Ausgangspunkt. Der Faschismus ist eine Tendenz im Kapitalismus, er ist seine politische Reserve. Diese politische Reserve tritt immer dann auf die Tagesordnung, wenn es für das Kapital zu eng wird. Es müssen dann neue Räume geschaffen werden, um Krisentendenzen entgegenzuwirken und weiterhin größere Profite zu generieren. Faschistisches Gedankengut ist anfangs nicht zwingend an eine einzige politische Partei gebunden. Im Laufe so einer Entwicklung wird sich aber eine solche Partei gründen. Die Deutschen hatten ab 1939 nicht nur europäische und afrikanische Länder überfallen. Durch die Allianzen, die Japan mit Deutschland und Italien eingingen einerseits, und die Absichten Amerikas andererseits, tobte dieser Krieg auch in Asien. Die USA hatten den Japanern am 7. Dezember 1941 den Krieg erklärt, nachdem die Japaner den amerikanischen Militärstützpunkt Pearl Harbor auf Hawaii zerstört hatten. Die Sowjetunion, China, Japan, Korea und die USA tobten sich ab 1950 in Asien aus. Diese Auseinandersetzungen schließen auch den zeitlich davor liegenden Abwurf der amerikanischen Atombomben am 6. und 9. August 1945 auf japanische Städte mit ein. Die USA hatten die erste Atombombe erbaut und probierten sie aus. Sie zeigten damit ihre vermeintliche Macht über die Welt. Ab 1950 wurden die Machtinteressen der beteiligten Länder auf koreanischem Boden ausgefochten. Es war durchaus im Bereich des Möglichen, dass eine weitere amerikanische Atombombe zum Einsatz gekommen wäre. Man muss dazu die zivilen und militärischen Befugnisse zum Einsatz dieser Bombe betrachten. Auf jeden Fall wurde der militärische Befehlshaber General McArthur vom amerikanischen Präsidenten Truman abgesetzt. Mit der Beendigung des Koreakrieges am 38. Breitengrad wurde ein Waffenstillstand vereinbart. 1945 wurden die Deutschen besiegt. Das Ende dieser unsäglichen Zeit war aber der 27. Juli 1953. Korea ist bis heute ein geteiltes Land. Es ist ein Waffenstillstand, kein Friedensvertrag. Weitere Beweise für den Wahnsinn auf dieser Erde müssen nicht erbracht werden. Man findet bis zum heutigen Tag Bomben und Munition in den Weltmeeren und den Böden der Schlachtfelder des Zweiten Weltkrieges und der Kriege davor und danach. Der Boden und die Meere sind seit ewigen Zeiten der Reichtum dieser Erde. Sie dienen der Ernährung, sie sichern das Gleichgewicht in der Natur und im Klima. Nicht zuletzt können die Menschen auch ihre Wohnungen darauf bauen. Mit Erschütterung und Grauen kann man in der heutigen Zeit beobachten, dass die Erde permanent vergewaltigt wird. Erst nach der Abkühlung der Erdoberfläche war es möglich, dass sich Pflanzen, Tiere und Menschen auf diesem Planeten ansiedeln konnten. Die Erde brennt aber immer noch an allen Ecken und Enden. Der Brandstifter ist zweifellos der Mensch.

Es ist seit Menschengedenken klar, dass jedes Kind unschuldig geboren wird. Es wird nicht gefragt, ob es geboren werden will. Vor allen anderen Menschen fragen sich die meisten Mütter dieser Welt, wie ein Kind diese ihm angeborene Unschuld verlieren kann. Die Antwort gibt die Gesellschaft selbst. Der Mensch, in die Welt gesetzt, reagiert mit der Welt.

Der Initiator der neuen Politik in der damaligen Sowjetunion war eine Gruppe von Männern und Frauen um Michail Gorbatschow. Diese Politik hatte durchaus einen hohen weiblichen Anteil. Die Frau von Michail Gorbatschow, Raissa Gorbatschowa, war eine warmherzige Frau, studierte Soziologin und von hoher Intelligenz.

Michail Gorbatschow selbst hat mit großer Disziplin und Geduld auf seine Chance, erster Mann im Staat zu werden, gewartet.

Die Einsichten und Notwendigkeiten, die sich aus dem Zustand unserer Welt ergaben, riefen geradezu nach Veränderung. Wenn man die Erde mehrfach militärisch zerstören kann und selbst eine ungewollte Reaktion dazu führen kann, gibt es für ein normales Gehirn nur noch den Weg der militärischen Abrüstung.

Die Welt war in zwei große Blöcke geteilt und brauchte einen mutigen Politiker, der diesen Zustand auflösen konnte. Michail Gorbatschow begann unverzüglich mit der Arbeit an diesem Mammutprojekt. Die ganze Welt begann sich zu interessieren und aufzuatmen. Ein Aufatmen, das in vielen Ländern Glücksgefühle freisetzte und positive Gedankenspiele zuließ. Dieses Aufatmen gab es nicht nur in der damaligen DDR und dem sogenannten Ostblock, das traf auch auf viele andere Länder zu.

Wenn der Anführer eines Blocks einen solchen Weg einschlägt, muss der Anführer des anderen Blocks nicht unbedingt die gleichen Absichten haben. Michail Gorbatschow traf nicht auf einen Anführer mit indianischen Tugenden, sondern auf den Anführer der weißen amerikanischen Welt. Als dieser Teil der Erde noch hautsächlich von Ureinwohnern bevölkert war, gab es nach der ersten, sogenannten Irokesenkonferenz im Jahr 1142 nachweislich zum ersten Mal in der Geschichte der Menschheit eine verabredete friedliche Koexistenz. Das Morden unter den indianischen Völkern hörte auf. Das war 350 Jahre vor der Entdeckung Amerikas durch Christoph Kolumbus.[11] Der neue Anführer in diesem Teil der Erde und Seinesgleichen erkannten und nutzten die Naivität und Verletzlichkeit des Anderen, der auch im eigenen Land und Lager nicht unumstritten war. Sie trugen einen Sieg davon, für den sie nichts getan hatten. Diese Leute beharrten letztlich auf ihren festgefahrenen Positionen. Ihre Denkweise lässt sich nicht ändern. Sie suchten nach dem Pferdefuß an den Vorschlägen von Gorbatschow, wo kein Pferdefuß war. Man sollte den Vorsprung in der atomaren Aufrüstung nicht als Stärke bezeichnen. Auf ein Mehr oder Weniger an atomaren Waffen kommt es nun wirklich nicht an. Sie hörten bis zum heutigen Tag nicht mehr auf zu siegen. Sieger dürfen die Fähigkeit des Lernens nicht einstellen. Sich im Siegen zu gefallen ist dumm, denn es bleibt nicht so. Dieser Überheblichkeit und Arroganz wohnt eine riesige Gefahr inne, die von diesen Siegern übersehen wird. Verträge, Abkommen und Absichtserklärungen zwischen Staaten, ob sie nun auf Papier geschrieben sind oder nicht, haben keinerlei Bedeutung. Diese Welt ist nicht mehr unipolar durch die derzeitigen Sieger bestimmt. Sie wird mit einem großen Tempo multipolar. Die geopolitischen Veränderungen nehmen zu. Es ist dieses ständige Fressen und die Gier nach mehr Macht, das alles in Frage stellt. Alle beteiligten Eliten vieler Länder sind von dieser Macht besessen. Dieses Fressen ist nicht das Fressen, das irgendwann befriedigt ist. Alle vermeintlichen Sieger sind bei diesem Fressen völlig entfesselt und gefallen sich darin. Der Mann, der im Grunde ungewollt, die Sowjetunion zum Einsturz brachte, war in späteren Jahren, im Vorgespräch eines eventuellen Interviews mit einem Journalisten nicht mehr bereit über jedes Detail dieses Prozesses Auskünfte zu geben. Fragen zu dem Ostpolitiker Honecker, der DDR, dem Westpolitiker Kohl und dem tiefen Streit zwischen Kohl und Gorbatschow, wurden ausgeklammert.[06] Diese Tatsache muss jeder Betrachter für sich selbst werten. Man kann in der Geschichtsschreibung schuldig und unschuldig zugleich sein. Der zentrale Punkt ist und bleibt aber, dass der Mensch durch Erfahrung und Erkenntnis der Natur nicht ähnlicher geworden ist. Man muss immer wieder glaubhaft betonen und wiederholen, dass der Mensch außerhalb der Natur steht. Bis heute glaubte man, dass der Mensch der Natur mit Fleisch, Blut und Hirn angehört. Kein einziger Gelehrter hätte den Zustand des heutigen Menschen so dramatisch beschreiben können, wie er tatsächlich ist. Die Wirkungsweisen des aktuellen Wirtschaftens sind spätestens seit dem 18. Jahrhundert klar zu erkennen. Das der Mensch aber noch nicht einmal im Ansatz in der Lage ist, sich zu retten, zerstört jede Hoffnung. Es gibt jetzt auch kein Wort mehr für die Beschreibung des jetzigen Verhaltens des Menschen gegenüber der Natur. Die Materialisten sehen keinen Widerspruch zwischen Mensch und Natur, zwischen Geist und Materie, zwischen Seele und Leib. Sie sehen nur, dass die Erkenntnisse über Wirkungsweisen in Natur und Gesellschaft dem Menschen die Möglichkeit geben, diese Wirkungen zu beherrschen und zu regeln. Der Mensch nutzt diese Möglichkeiten nur begrenzt. Das Wichtigste, was dem Menschen gegeben ist, ist die Zeit. Er verschwendet sie, statt sie zu nutzen. Genau in dem Moment, wo er seine Möglichkeiten nur begrenzt nutzt, verschwendet er schon Zeit. Es ist Zeitverschwendung, den Menschen ihre Fehler klarzumachen, in der Hoffnung sie dadurch zu heilen. Diese dramatische Unmündigkeit des übergroßen Teils der Menschheit und die völlige Entkopplung des herrschenden Teils der Menschen über diesen übergroßen Teil ist die Ursache des Nichtnachdenkens. Man nennt es wohl „Bildung", die da fehlt. Wenn jemand kommt und die Welt logisch erklären kann, führt das nicht zum Nachdenken. Nachdenken kann und will dieser übergroße Teil auf keinen Fall. Das einfachste Ergebnis ist, dass alle Welterklärer, wenn sie denn schon so klug sind, vielleicht doch noch einen losen Taler für diese übergroße Masse übrighaben. Dieses Ergebnis führt dazu, dass nicht alle Welterklärer Menschenfreunde sind. Der Tiefststand ist erreicht. Der Mensch hätte von der Natur lernen können und müssen. Der Mensch hat nicht begriffen, was Zeit und Geduld für das Leben bedeuten. Die Natur lebt ohne Rendite und Profit. Der schlimmste, unsinnigste und am meisten verbreitete Spruch in diesem Zusammenhang ist: „Zeit ist Geld." Die Natur wäre nicht die Natur, wenn sie diesem Fressen nicht doch ein Ende setzen würde. Schmeicheln wir uns indes nicht zu sehr mit unseren menschlichen Siegen über die Natur. Für jeden solchen Sieg rächt sie sich an uns.[04] Bevor die Natur diesem Spiel aber ein Ende setzt, sind Politik und Diplomatie gefragt. Diese beiden Komponenten könnten der Menschheit noch Überlebenszeit und Überlegenszeit schenken, bevor die Natur den unvermeidlichen Schlusspunkt setzt. Die Politik muss einem völlig neuen Ansatz nachgehen. Sie muss frei von Heuchelei und Wichtigtuerei sein. Da die Menschheit in ihrem kindischen Streiten so gefangen ist, wäre ein runder Tisch aller Geheimdienste einschließlich der Geheimdiplomatie ein wichtiger Schritt, um diese lächerlichen Spielereien zu beenden. Es bleibt die Frage nach dem Unvermeidlichen. Wenn man diese Unvermeidlichkeit auf sich zurollen sieht, hat es keinen Sinn, das Problem auf morgen zu vertagen. Das notwendige Handeln ist dann vom Winde verweht.

P.S. In der Moskauer Gallerie „Moscow State Art Gallery of The Peoples Artist of the USSR Ilya Glazunov" in der Ulitsa Volkhonka 13, ist das Bild „Das Geheimnis des XX. Jahrhunderts" von Sergeevich Glazunov zu sehen.

Der Blick von Deutschland auf die Welt

Ein Deutschland,
das sich mit seiner Geschichte schwertut

Persönliche und allgemeine Einsichten
eines Ostdeutschen Mannes

Joachim

Ich bin im November des Jahres 1952 geboren worden. Mein Vater war mir für lange Zeit meines Lebens ein Vorbild und ich war stolz auf meine Eltern und meine beiden Schwestern. Wer 1952 im Osten Deutschlands auf die Welt kam, war Bürger der Deutschen Demokratischen Republik.

Die DDR entstand 1949, kurz nach der Gründung der alten BRD, und ging im Jahr 1989 unter. Sie ging unter, weil ihre Abhängigkeit von der dann 1991 untergegangenen Sowjetunion einerseits zu groß war und andererseits konnte sie ihre Existenz nicht retten. Die Ereignisse überschlugen sich mit unumkehrbaren Folgen. Es war eine spannende Zeit, die ein „Aber", „Hätte", „Wenn" oder „Wäre" ausschloss. Wer untergeht, muss noch lange kein Verlierer sein. Wer durch Geschichte und andere Gemeinheiten besiegt wird, hat kaum einen persönlichen Anteil daran. Ich war zu diesem Zeitpunkt 37 Jahre alt. Ein Mann in den besten Jahren, wie man landläufig so sagt. Der nun neu beginnenden Zeit stand ich offen und mit allem an Kraft und Saft gegenüber. Es begann ein sehr erfolgreicher Weg, der meiner Familie und Freunden nützlich war. Alles, was mich ausmachte und was ich einbringen konnte, hatte ich bis dahin in der DDR gelernt.

Alle Menschen entwickeln ihre eigene Meinung durch Einflüsse von außen. Es ist von Vorteil, das eigene Denken dabei nicht auszuschalten. Aus sich selbst heraus kommt kein Mensch zu einer umfänglichen Betrachtung und zu seiner eigenen Meinung. Das Irren, Ergänzen und sich neu Orientieren sind normale Begleiterscheinungen bei diesem Prozess. Keine Art von Opportunismus sollte dabei eine Rolle spielen. Es ist also völlig normal, wenn man nach bestimmten Erfahrungen auch eine 180-Grad-Wende vollziehen kann und muss. Das kann der Fall sein, wenn einem Vorurteile über lange Zeit das Denken und den Weg versperrt haben.

Man muss nicht in Goethes „Faust" lesen, um diese Erkenntnisse noch zu vertiefen. Es reicht völlig, seine eigenen Erkenntniswege Revue passieren zu lassen. Manchmal sind es auch nur einzelne Sätze von einem nahestehenden Menschen, die soviel Potential haben und so glasklar sind, um den Alltag zu meistern.

Mein Vater: „Bei allem, was Du tust und anstellst, musst Du immer noch ruhig schlafen können."

Wenn ein Systemwechsel wie 1989 eingeleitet wird, muss man nicht alles Erlernte und Erfahrene über Bord werfen. Diese Schätze bleiben, wie in meinem Fall, erhalten. Ich dachte auch wie viele andere, dass der Vorsprung des Westens mit intensiverer Arbeit zu tun hat. Weit gefehlt, es ist der Vorsprung der Technologie und der bessere Zugang zu Ressourcen. Der liebe Gott hat westeuropäisches Erdgas, Erdöl, seltene Metalle, Gold und Diamanten unter anderen in arabischer, afrikanischer und russischer Erde vergraben, an die der Westen besser herankam. Die DDR hatte nur Braunkohle, die dazu noch nicht einmal von allein aus der Erde kam. Das Erdöl aus der russischen Erde war hilfreich, reichte aber bei Weitem nicht aus. Das russische Erdgas ging bis 1989 an der DDR vorbei nach Westeuropa. Es ging also durch die DDR, nicht aber in die DDR. Die eine kleine Stichleitung, die es gab, transportierte beispielsweise russisches Erdgas gegen Devisen nach West-Berlin. Diese Rohrleitungen mussten neu eingehanft, also abgedichtet werden, da Erdgas deutlich trockener ist als das aus Braunkohle gewonnene Stadtgas. Diese Zusammenhänge erklärte mir ein Monteur, der mit diesen Arbeiten befasst war. Die Bedeutung der Arbeitsproduktivität ist hinlänglich bekannt. Sie entscheidet über die Platzierung nach Erster, Zweiter, Dritter, usw. Es wird nicht mehr unterschieden, wer wem etwas geraubt oder gestohlen hat. Das Schwarz-Weiß-Denken ist deshalb so verbreitet, weil es so einfach ist. Es hat zu keiner Zeit die Realität wiederspiegelt.

Bevor ich nach einer sehr erfolgreichen Karriere in den Ruhestand wechseln würde, sollte es doch noch einmal richtig krachen.

Es bleibt für einen DDR-Bürger immer wieder überraschend, wie dieses marktwirtschaftliche System funktioniert. Jeder, der aus den verschiedensten Gründen hinter die Kulissen schaut, kommt zu dem Schluss, dass es besser ist, dieses System zu durchschauen. Es ist von Vorteil, weil man auf jähe Wendungen vorbereitet ist. Bei solchen Wendungen kann man dann leicht die Richtung ändern.

Das gilt für den Blick hinter die Kulissen und auch für Bauchentscheidungen. Manchmal bildet man sich ja auch nur ein, ein System verstanden zu haben. Ein zentraler Punkt in der Betrachtung des marktwirtschaftlichen Systems sind die Kosten, und hier insbesondere die Personalkosten. Diese Zwänge schützen dieses System aber nicht vor Fehlentscheidungen. Oft kehrt man nach solchen Fehlentscheidungen zu den alten Zuständen in ähnlicher Form zurück. Die Zeitabstände können da schon mal 10 Jahre betragen. Durch mangelndes Erinnerungsvermögen erscheint dann das Alte durchaus als Neuerung. Der Vogel „Wendehals" ist ein Vorbild für den Menschen. In der Wendezeit nach 1989 glaubte so mancher der Vogel „Wendehals" sei eine legendäre Beschreibung für das Verhalten einiger Mitmenschen. Nein, es gibt ihn in der Natur tatsächlich. Es gibt den Menschen „Wendehals" und auch den Vogel. Im Rückblick kann ein DDR-Bürger mindestens zwei Systeme beurteilen. Die Beurteilung fällt natürlich nach den jeweils erlebten Dingen aus. Mancher kommt heil durch und andere mit mehr oder weniger großen Schrammen. Der Zufall ist dabei ein nicht zu unterschätzender Faktor.

Wenn die Gemengelage es erfordert, werden wirtschaftliche, politische und zum Teil auf Zufällen beruhende Entscheidungen auf Menschen zurollen, die nicht im Entferntesten mit für sie entscheidenden Veränderungen gerechnet haben. Soweit gilt das noch für positive und negative Ereignisse gleichermaßen. Wenn es in der Marktwirtschaft positiv läuft, ist es in der Regel für die Mitarbeiter je nach Anteil auch positiv. Es ist unbenommen, dass sich in solchen positiven Zeiten ein sehr enges Zugehörigkeitsgefühl der Mitarbeiter zum Unternehmen herausbilden kann. Sollten aber wirtschaftliche Zwänge zu negativen Entscheidungen für die Menschen führen, kann es verdammt eng werden. Es kann sogar soweit kommen, dass Gesetze, durch die man sich geschützt sah, ausgehebelt werden. In allen großen Unternehmen gibt es Führungskräfte und Rechtsabteilungen, die sehr kreativ und erfinderisch sein können. Ich selbst wurde durch eine solche kreative Lösung entsorgt. Bei meinen durchaus guten Erfolgen hielt ich mein Arbeitsleben für gefahrlos. Ich hätte mit Sicherheit gesagt, was alle sagen: „Mir wird das nie passieren." Sollte man sich innerhalb der Unternehmen nicht mit der Entsorgung von Mitarbeitern befassen wollen, delegiert man diese Aufgabe nach außen. Man bezeichnet solche Marktbegleiter und Rechtsanwälte auch als „Rausschmeißer."[12] In jedem Fall gibt es ein strategisches Vorgehen, das Dinge produziert und provoziert, die bestenfalls arbeitsrechtlich verwendbar sind. Kompetenzüberschreitungen sind dabei eine relativ einfache Möglichkeit, um aus einer guten Absicht einen Kündigungsgrund zu machen. Bei einem inszenierten Hochverrat kann man ein 6-Augen-Gespräch führen und über den Gesprächsinhalt Stillschweigen vereinbaren. Wenige Tage später behauptet man dann, das Stillschweigen sei gebrochen worden. Die Gesprächsinhalte können völlig belanglos sein und sie können durch jedermann an die Öffentlichkeit gelangt sein. Das Schenken von Präsenten, ob der Empfänger es nun gebrauchen kann oder nicht, ob er es weiter verschenkt oder nicht, lässt sich leicht als Vorteilsnahme auslegen. Sollten solche oder ähnliche Maßnahmen an Marktbegleiter oder spezielle Rechtsanwälte abgegeben werden, kommt es auch zu den merkwürdigsten Dingen. In solchen Fällen werden oft neue Mitarbeiter oder Praktikanten in die Unternehmen eingeschleust, um Material gegen unbequeme Betriebsräte oder andere Zielpersonen zu sammeln. Es werden Schwächen ausspioniert und Verfehlungen konstruiert. Das Ziel, einen Mitarbeiter zu entlassen, bleibt die vorrangigste Aufgabe.

Selbst wenn Abfindungen erstritten werden oder der Fall vor einem Arbeitsgericht keinen Bestand hat, bleibt der psychische und physische Druck ungeheuer hoch.

Wer das nicht durchsteht, wird gehen. Bei intensiven Fällen dieser Art bleiben durchaus gesundheitliche Schäden bei den Betroffenen zurück.

Dieses bunte Treiben wird natürlich auch durch größere Entlassungswellen mit Sozialplänen, Betriebsschließungen, Personalreduzierungen mit Ruhestandsregelungen sowie Abfindungsangeboten ergänzt. Für ältere Mitarbeiter können bei diesem Sandkastenspiel der freien Marktwirtschaft aber durchaus akzeptable Lösungen zum Tragen kommen.

Man muss bei diesem System immer im Hinterkopf haben, dass die allermeisten Menschen Arbeiter sind, egal welcher Arbeit sie nachgehen. Die klassische Schichtung der modernen Gesellschaften ist weitestgehend aufgehoben. Zu verschiedenen Zeiten und Situationen gibt es zahlenmäßig unterschiedlich Gewinner und Verlierer. Die Zahl der Gewinner kann dann schon mal sehr klein sein.

Es hat sich noch niemand die Mühe gemacht, zu errechnen, was dieses Spektakel einschließlich Arbeitslosigkeit kostet. Eine Vollbeschäftigung könnte durchaus vernünftiger sein, als dieser Rummel auf dem Arbeitsmarkt. Für eine bestimmte Zeit ist eine geringe Arbeitslosigkeit, wenn sie denn als Erziehungsmittel dient, durchaus hilfreich. Arbeit gäbe es ja genug, zumal die Arbeit zum Menschen gehört. Zuweilen gibt es auch in der freien Marktwirtschaft Zeiten, in denen Arbeitskräfte händeringend gesucht werden. Das sind genau die Zeiten, in denen sich Einsparpolitik an den falschen Stellen, auf allen Gebieten rächt. Die brutale Gier nach Profit führt dazu, dass notwendige Begleitentwicklungen wie z. B. Das Bildungswesen oder interne Produktionsstrukturen nicht richtig bedacht werden.

Der Begriff „Freie Marktwirtschaft" oder „Soziale Marktwirtschaft" etablierte sich im Bewusstsein der meisten Menschen vornehmlich nach dem Zweiten Weltkrieg in der westlichen Welt. Die Heimat der Marktwirtschaft ist aber das England des 18.Jahrhunderts. Der englische Philosoph Adam Smith glaubte noch, dass Angebot und Nachfrage ein solches relatives Gleichgewicht schaffen, dass es Wohlstand für alle geben kann. Die Marktwirtschaft ist nicht frei von politischen Beschränkungen. Der andere, nach dem Zweiten Weltkrieg neu entstandene Teil war es natürlich auch nicht. Dieser Teil hatte aber nicht die lange Tradition des kapitalistischen Wirtschaftens.

Es ist sicherlich sehr gewagt, Vergleiche mit dem Arbeitssystem in der ehemaligen DDR zu ziehen, obwohl naturgemäß Teile des deutschen Wirtschaftens erhalten blieben.

Die Voraussetzungen für beide deutsche Teilstaaten waren bekanntlich sehr unterschiedlich. Trotzdem gibt es Dinge, die verglichen werden sollten. In beiden Systemen gab es Fakten, die in dem jeweils anderen System unmöglich wären.

In der DDR wurde das sowjetische Wirtschaftssystem eingeführt. Zu diesem Zeitpunkt war noch nicht eindeutig klar, dass die Sowjetunion ein wirtschaftlich relativ schwach entwickeltes Land war. Die Wirtschaft der Sowjetunion war zwangsläufig zu großen Teilen eine Militärwirtschaft. Trotz strenger Beobachtung durch sowjetische Wirtschaftsfachleute wurden nach und nach beweglichere Elemente in das Planwirtschaftssystem der DDR eingeführt. Den Vorstellungen der sowjetischen Kontrolleure zufolge, sollte die DDR-Wirtschaft unabhängig von westlichen Importen und Einflüssen sein. Eine Vorstellung, die völlig neben der Notwendigkeit war. In diesen Prozessen wurden natürlich auch Fehler gemacht, die immer mal wieder ausgeglichen werden mussten. Für die DDR war es überlebenswichtig mit vielen Ländern Handel zu treiben und Devisen zu erwirtschaften um international mitspielen zu können. Das Prinzip Ware gegen

Devisen und das Prinzip Ware gegen Ware hätte allerdings ausgewogener sein können. Das Wirtschaftssystem in der DDR ist nicht mit dem System in der Sowjetunion gleichzusetzen. In allen Bereichen wurde durch das Ausbildungswesen und die Nachwuchsentwicklung eine homogene Sozialstruktur unter der arbeitenden Bevölkerung geschaffen. Fachkräftemangel blieb in der DDR ein Fremdwort. Diese gut durchdachte Bevölkerungsentwicklung, in der die Frauenförderung und das Kindeswohl eine zentrale Rolle einnahmen, war die Voraussetzung für diese Struktur. Es gab in allen Betrieben der Industrie und Landwirtschaft fähige und hoch qualifizierte, weibliche sowie auch männliche Mitarbeiter als Führungskräfte.

Trotz fehlender Rohstoffe im eigenen Land, der Embargopolitik des anderen Deutschlands und einer nicht konvertierbaren Währung entwickelte sich eine ideenreiche Wirtschaft. So eine Inlandswährung hat schon ihre Besonderheiten, weil man davon auch gut leben konnte. Der Export dieses Landes ins westliche Ausland, um an frei konvertierbares Geld zu gelangen, spricht Bände. Das schließt auch ein, alle enormen Leistungen zu würdigen und eine auf Verschleiß und fehlenden natürlichen Rohstoffen beruhende Abwärtsentwicklung der DDR-Wirtschaft realistisch zu beurteilen. Dieser Trend hätte durch eine faire Entkopplung von der Sowjetunion und einer intensiveren Wirtschaftsentwicklung in Zuammenarbeit mit allen Ländern Europas gestoppt werden können, da in der Vorwendezeit die Angst vor einem zu mächtigen Deutschland sehr groß war. Der DDR-Staat hat alle seine Auslandsverpflichtungen erfüllt und bis zum letzten Tag die Löhne, Gehälter und Renten seiner Bürger bezahlt.

In sozialer Hinsicht existierten Absicherungen, die eine Existenzangst unmöglich machten. Der Reichtum durch Arbeit wurde relativ gerecht verteilt, da es keine Multimillionäre gab. Multimillionäre zu verhindern ist durchaus richtig. Das Erlauben eines gewissen Reichtums für Unternehmer hätte allerdings mehr Beweglichkeit im DDR-System gebracht. Es ist ein wunderbarer Fakt, dass Menschen, die aus dieser Arbeitswelt kamen, vor und nach der großen Wende eine Bereicherung für das marktwirtschaftliche System der alten BRD waren. Vor der Wende wurden diese Menschen mit ihren beruflichen Ausbildungen voll anerkannt. Nach der Wende wurde alles angezweifelt und sie wurden Deutsche zweiter Klasse. Dort, wo zum Beispiel eine starke Konzentration türkischer Mitarbeiter war, rangierten diese Menschen noch dahinter. Im marktwirtschaftlichen System der BRD kamen nach dem Zweiten Weltkrieg bekanntlich viele Arbeitskräfte aus dem europäischen Ausland. Vornehmlich aus den ärmeren Teilen Europas wie Süditalien, viele aus dem anatolischen Teil der Türkei, Griechenland und Jugoslawien, dem heutigen Serbien, Kroatien, Montenegro und Bosnien. Deutschland hatte zum wiederholten Mal seine Bevölkerung durch einen Krieg dezimiert. Der wirtschaftliche Neuaufbau im westlichen Teil des Landes wurde durch weitere positive Elemente, wie zum Beispiel dem Marschallplan der USA, gefördert. Der Marschallplan wird auch als Dollardiplomatie bezeichnet. Er war ein Plan für ganz Westeuropa, der allerdings sehr unterschiedlich angenommen bzw. ausgeschlagen wurde. Im westlichen Teil Deutschlands griff er jedoch.

In beiden Systemen musste gewinnbringend gearbeitet werden. Es bedurfte immer wieder an Neuerungen oder frischen Strukturen. Das erkennt man gut an der Entwicklung von Großkonzernen auf der einen Seite und Wirtschaftskombinaten auf der anderen. Für gutes Kapital ist eine gute Geschäftsführung unerlässlich. Die erwirtschafteten Gewinne, bezogen auf beide deutsche Teilstaaten, sind sehr unterschiedlich verwendet worden bzw. abgeflossen.

Aus den über 80 Jahren Wirtschaft nach dem Zweiten Weltkrieg kann man mit Sicherheit ableiten, dass es keinen Wettlauf der Organisation von Arbeit bedurft hätte. So kompliziert ist die Sache nicht. Ein größerer und gerechterer Austausch in den Handelsbeziehungen wäre vernünftiger gewesen. Heute gibt es nur noch den Wettlauf mit der Natur. Beide Systeme haben sich bei ihrem Wettbewerb an der Natur vergangen. Ein Streit darüber, welches das bessere System ist, hat sich vor dem Strafgericht der Natur mehr als erübrigt.

Leider ist es noch nicht einmal gelungen, aus beiden Teilen Deutschlands ein wirklich vereintes Land zu machen und die geschichtliche Chance für eine gute Zukunft zu nutzen. Dazu hätte es klügerer Leute bedurft als derjenigen, die nach dem 4.November 1989 die Richtung bestimmt haben. Unmittelbar nach diesem historischen Datum und der größten Massendemonstration zu DDR-Zeiten wäre ein Sabbat bzw. eine Pause notwendig gewesen, um den Laden zu ordnen und auszufegen. Die westdeutsche Bevölkerung wurde zu keinem Zeitpunkt gefragt, ob sie eine Wiedervereinigung haben wolle. Es zählten nur die Interessen des westdeutschen Großkapitals. Das verhinderte eine Zusammenführung beider Teile Deutschlands auf Augenhöhe. Anscheinend ist das Desinteresse der westdeutschen Bevölkerung an der ostdeutschen Seite aus diesem Grund heute noch so groß. Die Frage nach einer gemeinsamen Verfassung stand zu keinem Zeitpunkt auf der Tagesordnung. Eine Verfassung anstelle des Grundgesetzes für die alte BRD hätte auch nach 1990 der Zustimmung der Amerikaner, Engländer und Franzosen bedurft. Das Grundgesetz ist für die BRD, nicht aber das Grundgesetz der BRD. So manchem deutschen Bürger ist nicht bekannt, dass Deutschland seit dem 8.Mai 1945 kein souveränes Land ist. Solange jeder neu gewählte Kanzler der Bundesrepublik Deutschland, bis zum heutigen Tag die sogenannte Kanzlerakte als fortdauerndes Dokument der Kapitulation von 1945 in Washington unterschreiben muss, wird das so bleiben. Die Militärtruppen der Sowjetunion sind aus Deutschland abgezogen. Die Amerikaner, Engländer und Franzosen sind weiterhin stationiert. Das Besatzungsrecht wurde zwar 1955 beendet, dafür gibt es aber seit 1954 den Überleitungsvertrag.

Dieser Überleitungsvertrag für die BRD regelt weiterhin die Rechte der ehemaligen Besatzer in den Artikeln 1, 3, 6, 7, 9 und 10.[07] Es ist also ausgeschlossen, dass das Grundgesetz Deutschlands zu einer eigenständigen deutschen Verfassung erhoben werden kann. Der DDR-Bürger war gerade eine Besatzungsmacht losgeworden, um drei neue zu bekommen. Beiden Seiten hätten bestimmte Wahrheiten gutgetan. Eine gemeinsame Vergangenheit und eine trennende Gegenwart sind keine gute Chance für eine gesittete Zukunft.

Der Ehrenvorsitzende der SPD (West) Willy Brandt war am 6. Dezember 1989 in meiner Heimatstadt Rostock. Er schlug in der Marienkirche einen Staatenbund der DDR und der BRD vor, der ein gleichberechtigtes Zusammenwachsen möglich machen würde. Die Entschlossenheit zur grundlegenden Erneuerung dürfe nicht erlahmen, müsse aber gepaart sein mit Besonnenheit. „Es wird nichts wieder so, wie es war. Sondern es ist etwas Neues, was wir schaffen müssen, und das müssen wir in Respekt voreinander schaffen." Eine Währungsunion werde in den nächsten Jahren kommen. Brandt regte baldige freie Wahlen an, nachdem alle Kräfte, auch die neuen Bewegungen, an einem runden Tisch zusammengenommen seien, „denn für eine bisherige Regierung gibt es kaum noch ausreichende Legitimation." Auch ein Zusammenwachsen der Teile Europas sei „schrecklich wichtig."[01]

Die politische Karriere von Willy Brandt war zu diesem Zeitpunkt schon beendet.

Seine Worte bei der Friedensnobelpreisverleihung im Jahr 1971 sollten aber in Erinnerung bleiben. „Beeilt Euch zu handeln, bevor es zu spät ist, zu bereuen."

Die Wahl vom 18. März 1990 und die Entscheidung die D-Mark einzuführen, hatten weitreichende Konsequenzen. Es war die Wahl für die D-Mark. Damit waren hoffnungsvolle Vorstellungen eines großen Teils der ostdeutschen Bevölkerung verbunden. Es gab auch in Rostock bekennende Sozialdemokraten, die der CDU ihre Stimme gegeben haben.[01] Die Ernüchterung kam, als klar wurde, dass die Ostbetriebe nicht die westliche Produktivität hatten, ihnen die Produkte und Märkte fehlten. Ein fataler Zustand der nur Massenarbeitslosigkeit und andere, bis dahin unbekannte Risiken mit sich brachte. Eine Anerkennung von Lebensleistungen der ostdeutschen Bevölkerung spielte absolut keine Rolle. Die Zahl der Wähler in der DDR-Bevölkerung, die ein behutsameres Vorgehen wollten, konnte sich nicht durchsetzen. Wahlen finden oft unter bedeutungsvollen Umständen statt. Oft wählen die Menschen nicht nach der Realität, sondern nach ihren Wünschen. Selbst wenn es anders wäre, bleibt der Grundsatz und die Wahrheit: „Die, die gewählt werden, haben nichts zu sagen und die etwas zu sagen haben, werden nicht gewählt."

Solche Geschichtsverläufe wie sie 1990 in Deutschland eintraten, sind genauso wenig zufällig wie Geschichte überhaupt. Es setzen sich immer die Interessen der wirklich mächtigen Minderheit durch.

Professor Arno Peters von der Bremer Universität errechnete den Anteil an Kriegsreparationen von 727 Milliarden DM, den die DDR für die BRD an die Sowjetunion gezahlt hat. Es ist völlig egal, welche der existierenden Berechnungen diesem Thema zu Grunde liegt, es bleibt ein großes Ungleichgewicht zwischen beiden deutschen Teilstaaten. Die Plünderung Deutschlands durch die Sowjetunion bezog sich lt. Moskauer Geheimdokumenten nur auf ihr Einflussgebiet DDR.

Die Summen, die von der DDR als ihr eigener Anteil an Kriegsreparationen gezahlt wurden, sind gar nicht eindeutig zu ermitteln. Es war die erste Ausplünderung der DDR. Es ist unbestritten, dass auch die alte BRD Kriegsreparationen an England, Frankreich, Israel und den USA zahlte. Diese Summen sind aber deutlich geringer und lassen sich nicht in ein vernünftiges Verhältnis setzen. Durch den übergroßen und besitzergreifenden Einfluss der USA auf das heutige Gesamtdeutschland braucht man allerdings auch nichts mehr ins Verhältnis zu setzen. Nicht das gesamte Territorium Deutschlands gehört auch den Deutschen. Außer dem US-Militärstützpunkt Ramstein gibt es noch ca. 40 weitere mit Sonderrechten. Ebenso erstaunlich sind die Vorgänge um die 1994 neu gebaute Raffinerie 2000 in Leuna, die 1997 ihren Betrieb aufnahm.[09] Diese Raffinerie ging an das französische Unternehmen „Elf Aquitaine." Der französische Präsident Francois Mitterrand fand Deutschland so schön und war sehr zufrieden, dass es zwei davon gibt. Die relativ schnelle Zusammenführung beider deutscher Teilstaaten wäre ohne dieses und andere Geschenke an Frankreich nicht möglich gewesen. Francois Mitterrand hielt sich somit an die Worte des ehemaligen französischen Präsidenten Charles de Gaulle, dass es keine Freundschaften, sondern nur Interessen zwischen den verschiedenen Staaten gibt.

Die britische Premierministerin Magret Thatcher war strikt gegen eine deutsche Wiedervereinigung. Die Briten schwammen aber sofort im Fahrwasser der USA mit. Unter der Präsidentschaft von Boris Jelzin gelang es einem Heer von amerikanischen Beratern, juristischen Einfluss in Russland zu gewinnen. Neben vielen Gesetzen und Kuriositäten wurde auch der Vertrag „Production-Sharing Agreements" (PSA) installiert.Den Russen gehörte nun lediglich nur ein Drittel vom Erdöl,Erdgas und anderen Bodenschätzen. Als die russische Stadt Sachalin, die im Erdölfördergebiet liegt, fast erfror, transportierte der britische multinationale Konzern Shell das russische Erdöl skrupellos umsonst ab. Die Briten wollten auf lange Sicht ihre Energie- und Erdölsicherheit über Russland sichern.[10]

Erst im Jahr 2004 konnten die Russen unter der Präsidentschaft von Wladimir Putin die Kontrolle über ihre Bodenschätze zurückgewinnen.[10]

Man könnte zu dem Schluss kommen, dass der längste Weg für einen DDR-Bürger zum Kapitalismus über den real existierenden Sozialismus in der DDR führte. Das kapitalistische System steht nun seit Jahren im eigenen Haus und Spannungsfeld sehr vielen bedrückenden und ungelösten Fragen gegenüber. Im Besonderen sind es junge Leute die Fragesteller sind. Klar ist heute, dass das kapitalistische System sehr beweglich ist und viele Probleme lösen kann. Wenn diese Beweglichkeit die inneren Probleme des Systems lösen könnte, würde sich auch die geschichtliche Notwendigkeit eines solidarischen Systems ausschließen. Der Kapitalismus kommt allerdings nicht aus diesem Dilemma heraus. Es ist ihm bislang immer wieder gelungen, seine Krisentendenzen auf dem Rücken anderer Teile der Welt auszulagern. Das betrifft zum Beispiel die großen Bevölkerungsmehrheiten der sogenannten Dritten Welt, die von jeglicher ökonomischer und sozialer Teilhabe ausgeschlossen sind.[03] Durch den heute agierenden Kapitalismus werden die Lebensgrundlagen der zukünftigen Generation zerstört und ausgeplündert. Dieses kapitalistische System kann aber weiterleben und expandieren, da es noch nicht vollständig alle geographischen Räume der Erde erfasst und ausgeplündert hat. Im Grunde ist die kapitalistische Welt- eine andere gibt es nicht- über sich selbst erschrocken. Wenn diese Produktionsweise so alternativlos sein soll, warum lässt sie den kommenden Generationen keine Überlebenschance mehr? Es gibt in den Werken der klassischen Philosophie keinen einzigen Hinweis auf das zwangsweise Scheitern des Kapitalismus. Auch nicht in der Zettelwirtschaft, die Karl Marx hinterlassen hat. Es gibt bei Marx keine spezifische ökonomische Zusammenbruchstheorie.[03] Die knappe Aussage, dass die Zentralisierung der kapitalistischen Produktion zum Zusammenbruch führen würde, steht auf einem zu schwachen Fundament, als dass man von dort eine theoretische Beweisführung herleiten könnte. Den Zusammenbruch einer zentralisierten Wirtschaft konnte man anschaulich nur in der späteren Sowjetunion sehen. Die Folgen für den gesamten Ostblock, in den frühen 1980er Jahren, sind bekannt. Wirtschaft muss Anreize gepaart mit Vernunft haben. Dass die Vernunft im kapitalistischen System oft ausgeschaltet wird, führt nicht zu dessen Zusammenbruch. Der Zusammenbruch kommt offensichtlich und spätestens mit der völligen Ausplünderung der Natur. Auch in der DDR-Wirtschaft wurde auf die Natur keine Rücksicht genommen. Selbst wenn man wusste, dass bestimmte Dinge ein Vergehen an der Natur sind, wurde die Reparatur in die Zukunft vertagt. Die Sachen, die oft intelligent gelöst wurden, folgten dem Motto „Not macht erfinderisch." Die Wiederentdeckung des Konjunktivs in so manchem Zusammenhang könnte hilfreich sein. Auf jeden Fall ist es wenig hilfreich 40 Jahre DDR-Geschichte zu verteufeln. Dieser Staat hat sich aufgelöst. Für sehr viele ehemalige Bürger bleibt das heute noch ein Rätsel. Es geht dabei nicht um das Einverständnis mit der politischen Macht, eher um das Selbstverständnis eines gemeinsamen und produktiven Zusammenlebens. An diesem Zusammenleben war nicht jeder Bürger gleichermaßen fleißig beteiligt, aber wo ist das schon so? Für solche Fälle gab es den Spruch: „Niemand ist überflüssig, er kann immer noch als schlechtes Beispiel dienen." Obwohl es im Laufe der Existenz dieses Staates zunehmend Dinge gab, die nur schwer zu ertragen waren, gibt es heute eine gewisse Art von Nostalgie. Nostalgie hat etwas mit Heimatgefühl zu tun. Es war für die Bürger der DDR kein einfacher Weg, zu einem nationalen Selbstvertrauen zu kommen. Da es aber nun einmal da war, kann man es nicht einfach auslöschen. Identität ist ein Grundbedürfnis eines jeden Menschen, obwohl es Ostdeutsche gab, die ihre Herkunft beim Vorwärtskommen im westlichen Teil Deutschlands, da wo es ging, eher verschwiegen haben. Wenn einem DDR-Bürger in der heutigen Zeit zu große Zweifel kommen, kann er nicht einfach umdrehen und nach Hause gehen. Dieses Zuhause gibt es nicht mehr. Je länger die Verteufelung des untergegangenen DDR-Staates aber anhält, umso wahrscheinlicher wird es, dass die DDR im Übrigen nie existiert haben wird. Die Zeitabstände zum Aufdecken von Lügen und Verschweigen in der Geschichte mögen unterschiedlich lang sein, man kann aber nicht für alle Zeit lügen. Die Wahrheit hat Zeit, da sie ja doch herauskommt. Dieser Umstand darf aber nicht über Generationen dauern. Die Wahrheit ist eine Tochter der Zeit. Die deutsche Frage ist für viele Akteure nicht gelöst. Alle Geschichtsverläufe müssen realistisch eingeordnet werden. Die Wichtigkeit dieser Tatsache erkennt man offensichtlich erst, wenn man sich über geschichtliche Zeiträume klar wird. Die Weltgeschichte umfasst Ereignisse und Zeiträume, die mehr sind als ein 40 Jahre geteiltes Deutschland. Die Zeit wird allerdings immer kostbarer und knapper. Beide deutsche Teilstaaten arbeiteten unterschiedlich an der geschichtlichen Aufarbeitung des Zweiten Weltkrieges. Es ist bis heute nicht wirklich gelungen, ein geschichtlich wahrheitsgetreues Zeugnis abzulegen. Solange das sozialistische Deutschland existierte, gab es im kapitalistischen Teil Deutschlands keinen rabiaten Sozialabbau. Solange dieses sozialistische Deutschland existierte, war das kapitalistische Deutschland gehindert, seine Söhne wieder in Kriege zu schicken.[06] Es bleiben, je nach Betrachtung, oft nur gewünschte opportune Betrachtungen auf beiden Seiten. Vor allen Dingen, werden viele positive Praktiken des DDR-Staates völlig ausgeblendet und verschwiegen. Der Respekt vor der Polizei und anderen Staatsorganen, vor Lehrern, Ausbildern, anderen Berufsgruppen und den Alten in der Gesellschaft findet nicht statt. Negatives anzuhäufen und interessengerichtet zu interpretieren trägt nicht zur Aufklärung bei. Es ist immer besser, die ganze Wahrheit rücksichtslos darzustellen.

Es hat sich so ergeben, dass der westdeutsche Teil Deutschlands den ostdeutschen Teil übernommen hat. Für diese Übernahme konnte der westdeutsche Teil nichts und hat dafür auch nichts getan. Er war sichtlich überrascht und überfordert, nach 40 Jahren Störfeuer auf dieses Gebiet diesen Teil zu übernehmen. Zu den Rahmenbedingungen gehörten auch die unsägliche und totale Naivität und Gutgläubigkeit eines übergroßen Teils der ostdeutschen Bevölkerung. Die Gutgläubigkeit bleibt immer die Achillesferse des Menschen.[06] Nur wenige Ostdeutsche konnten die charakteristische Gier des Westens ahnen. Der Westen schuf mit der Treuhand ein Instrument der Enteignung. Es muss völlig klar sein, dass die Steuerung der Treuhand vom Kanzleramt und vom Bundesfinanzministerium – den Vertretern der westdeutschen wirtschaftlichen Interessen – ausging.[09] Sie zerschlugen funktionierende Betriebe und eigneten sich für sie positive Ergebnisse der DDR in Wirtschaft und Forschung an. Bei so einer schleichenden, freiwilligen Enteignung war das kein Problem. Vor den Methoden verschlossen Verantwortliche bewusst Augen und Ohren.[09] Die Ostdeutschen hatten kein Kapital, um Ihre funktionierenden Betriebe aufzukaufen. Die Sache hätte unter Umständen anders ausgesehen, wenn die Ostdeutschen die Gelegenheit begriffen und bekommen hätten, die Betriebe für eine symbolische Westmark zu kaufen. Diese eine Westmarkt hätte allerdings auch nicht gereicht, weil den Ostdeutschen die

Kreditwürdigkeit und Netzwerke fehlten. Diese Gelegenheit hatten nur westdeutsche Wirtschaftsleute und Politiker, wie z. B. Ernst Albrecht, ehemaliger Ministerpräsident Niedersachsens. Sein Beispiel zeigt, dass man aus einer Westmarkt, Millionen machen konnte. Auf diese Art und Weise kam es dazu, dass der gesamte Osten in den wirtschaftsentscheidenden Dingen dem Westen gehörte. Eine kleine Bremse waren dabei die sogenannten „Modrow-Gesetze." Diese wurden von dem DDR-Parlament am 6. und 7. März 1990 beschlossen. Sie verhinderten den völligen Verlust an Grund und Boden für kleinere Einheiten, wie zum Beispiel Eigenheimbesitzern. Es gab allerdings auch sehr persönliche Einschnitte durch das rechtlich eingeführte Westprinzip „Rückgabe vor Entschädigung."

Wenn alles zu Schrott erklärt wird, findet man auch im Schrott noch Wertvolles. Ein kleines, aber schönes Beispiel ist der erste FCKW freie Kühlschrank der Welt vom VEB FORON Haushaltsgeräte DKK Scharfenstein. Erst verteufelt von Bosch und Siemens, dann übernommen. Die Geothermie-Bohrungen nach Warmwasser wurden im April 2023 bei der Inbetriebnahme eines Heizwerkes in Schwerin als Sensation gefeiert. Diese Bohrungen im mecklenburgischen Warmwasserbecken waren zu DDR-Zeiten in Stralsund, Neubrandenburg und Schwerin erfolgreich. Unmittelbar nach der Wende war es aber deutlich billiger, russisches Erdgas zu verbrennen. Es gab im DDR-Alltag einiges Bewahrenswertes an Erfindergeist. Weniger erfolgreich waren die Bohrungen nach eigenem Erdöl und Erdgas. Hinzu kam, dass mit dem Öffnen des Inhalts eines Teils der Akten der Staatssicherheit der ehemaligen DDR eine Giftküche aufgemacht wurde. Diese Mischung verhalf ihnen dazu die alte Elite wegzuräumen und neu zu besetzen. Über die Qualität der Neubesetzung verbietet sich mir jedes Urteil. Man hat den Menschen in der DDR, vom einfachen Arbeiter bis hin zum Professor, jede gestalterische Fähigkeit abgesprochen. Diese Menschen hatten noch kurz zuvor eine politische Wende mit herbeigeführt. Die sogenannte alte Elite der DDR musste erst herausgebildet werden, weil die Elite davor den ostdeutschen Teil dieses Landes verlassen hatte.

Ich persönlich gehörte nicht zur Elite. Ich war immer nur ein fleißiger Mitarbeiter in der Arbeiterschaft. In der Welt meiner fachlichen Arbeit ist mir bei elitären Personen und Vorgesetzten so gut wie keine Niete begegnet. Das heißt natürlich nicht, dass es keine Nieten gab. Nieten werden in der Regel durch den Fleiß und das Können der anderen kompensiert. Aus heutiger Sicht ist es ein schönes Gefühl, mit guten Leuten zusammengearbeitet zu haben. Sowohl als Vorgesetzte als auch als Mitarbeiter. Der Respekt in der Zusammenarbeit ist wichtig. So konnte man auch die eine oder andere Hilfeleistung erbringen oder auch empfangen.

Wie ist es eigentlich möglich, dass die Arbeitswelt und die sozialen Strukturen in der DDR mit so vielen negativen Attributen belegt werden? Der untergegangene Sozialismus, der keiner war, hatte ja nichts mit Faulheit der Menschen zu tun. Es war kein Sozialismus ohne Profit und auch nicht ohne Hoffnung. Man kann diese Zeit als Versuch bezeichnen, denn der war es auf jeden Fall. Sozialismus als mögliche Gesellschaftsform bleibt aber nur eine Idee. Diese Idee hat allerdings durchaus Aspekte, die man auf Tauglichkeit prüfen sollte. Es liegt noch in der Zukunft diesem Versuch seine positiven Seiten abzugewinnen. Wenn heute schon viele Dinge aus allen möglichen Bereichen kopiert werden, wird aber kein Bezug auf die DDR hergestellt. In Ansätzen gibt es die ersten Überlegungen, das Modell der Polykliniken an der einen oder anderen Stelle einzuführen. Als Beispiel reicht hier der Neubau im Klinikum Rostock-Südstadt, der 2025 bezugsfertig sein soll.[13] Man tut sich zurzeit sehr schwer, ein moralisch einwandfreies Gesetz über den Schwangerschaftsabbruch zu beschließen. In der DDR gab es ein solches Gesetz ab dem 9. März 1972. Die Finnen taten sich mit der teilweisen Übernahme von Elementen aus dem DDR-Schulsystem deutlich pragmatischer. Man findet zu jeder Zeit und überall Wortführer, die sich für Negativschlagzeilen hergeben. Meist sind es Leute, die gar nicht in dem System gearbeitet haben oder sich vor der Arbeit gut verstecken konnten. Das Hineinkriechen in vorgesetzte Ärsche gab es zu allen Zeiten. Dass diese Methode des Vorwärtskommens heutzutage eine Hochkonjunktur erlebt, gehört zu den Überraschungen, die so ein eingeborener DDR-Bürger betrachten darf. Die Eingeborenen wurden zwar nicht ganz verdrängt, aber schon eher an die Seitenlinie geschoben. An dieser Seitenlinie sind eine Karriere und der Zugang zum Spielfeld so gut wie ausgeschlossen. Es bedarf eines starken Charakters bei diesen Eingeborenen, um sich doch noch durchzusetzen. Diese Tatsache wäre nicht so schlimm, weil es ja nur um Eingeborene geht. Schlimm ist nur, dass daraus kein schöner und positiver Schluss folgt. Jeder Mensch ist ersetzbar, aber nicht wiederholbar.

Bei allem, was man an negativen Zuständen beschreiben kann, sollte eine Hoffnung auf etwas Besseres bleiben.

Es wird sehr schwer, auf die Herrlichkeit der Menschheit zu hoffen und zu bauen.

In der Welt der Dichter gibt es die schönsten Worte für das Übertragen der gelebten Erfahrungen der Alten auf den Verstand und die Kraft der Jugend. Die großen Dichter und Kunstschaffenden wissen aber auch, dass sie im chancenlosen Bemühen mit ihrer Kunst die Menschen nicht verbessern können. Selbst die Darstellung des Narrenschiffbrunnens vom Bildhauer Jürgen Weber in der Stadt Nürnberg macht keine Hoffnung auf Besserung. Dieses Narrenschiff sollte eine Mahnung sein. Es ist die Darstellung der uralten Zwistigkeiten der Menschheitsgeschichte. Wir wollen also hoffen, dass das Verhältnis von schwachen und starken Charakteren sich zugunsten der starken verschiebt.

Der Blick von deutscher Geschichte auf die Welt ist notwendig. Diese Welt befindet sich in einem erbärmlichen Zustand. Es geht nicht mehr um das Wohl von einzelnen starken Staaten. Es geht um die Zukunft der Welt. Das gesamte Denken über diesen Planeten muss sich ändern. Illusionen und Sentimentalitäten sind nicht geeignet, auch nur einen Millimeter voranzukommen.

Dem jetzt herrschenden Produktionssystem ist eine absolute Schranke gesetzt. Diese Schranke ist geologischer, biologischer und physikalischer Natur.[03] Das Schwinden der Tragfähigkeit der Ökosysteme und die zunehmende Verknappung der Rohstoffe sind der Ausdruck dieser Situation. Die Alternative ist nur, diese Situation bewusst zu gestalten und durch gezielte Schritte eine industrielle Abrüstung einzuleiten. Ob die Bevölkerungen und die Eliten der reichen Staaten überhaupt eine solidarische Gesellschaft auf einer viel schmaleren Ressourcenbasis schaffen können und wollen, darf bezweifelt werden. Die Menschheit braucht das Gleichgewicht zwischen natürlichem Werden und Vergehen. Alles Überflüssige bleibt letztlich überflüssig. Alles Lebendige sollte wieder nach den Gesetzen der Natur ungehindert vergehen dürfen.

Es mag sein, dass ein Marktplatz geschaffen werden muss, auf dem der Mensch erkennen kann, was überflüssig und was notwendig ist. Dieser Marktplatz muss der Anfang sein. Ein Anfang muss ein Ziel haben und nicht zwangsläufig ein Ende. Die Einfachheit hat eine Logik und schließt Ethik, Moral, Schönheit, Glauben, Wissenschaft, Intelligenz, Kunst und Kultur ausdrücklich mit ein.

Die persönliche Sicht eines
westdeutschen Mannes

Jürgen

Ein Hamburger Junge, 1949 geboren, der seine Erlebnisse und
Erfahrungen bis zum Fall der Mauer 1989 schildert.

Wie war es zu der Zeit in Hamburg? Das sogenannte Wirtschafts-
wunder ließ noch auf sich warten.

Wir lebten in St.Pauli, zusammen mit Eltern und Großeltern
in einer sehr großen Altbauwohnung. Hier hatten meine Großeltern schon vor dem Krieg gewohnt. Mein Großvater konnte
das finanzieren, weil er als Obermeister der Innung der Stell-
macher im Hafen sehr ordentlich verdiente. Leider hat das Haus
Anfang April 1945 noch einen Bombentreffer abbekommen und
war bis zum ersten Stock zerstört. Der Opa hat dann notdürftig
aus Trümmern der umliegenden Häuser eine Art Dach gebaut,
damit man dort überhaupt noch wohnen konnte. Zu Beginn
der Republik wurde er dann Rentner mit einer sehr kleinen
Rente. Durch seine lange Selbstständigkeit war die Rente klein
und das Ersparte war, wie bei den meisten anderen, durch die
Währungsunion weg. Finanzierbar war unser Leben zu fünft
nur durch eine Menge an Teilbeträgen. Das Gehalt meines Va-
ters als Polizist, zwei Teilzeitjobs meiner Mutter, die kleine
Rente von Opa und die Untervermietung von 4 Zimmern. Für
uns blieben dann noch die Küche, das Zimmer meiner Großeltern und 2 Zimmer für meine Eltern und mich. Im Sommer
war es wahnsinnig heiß und im Winter saukalt, bedingt durch
die Bombenschäden und das nur provisorische Dach. Als Kind
hat man davon aber nicht viel mitbekommen und den meisten
anderen ging es ja auch nicht viel besser. Hilfreich für meine
Entwicklung war sicher auch, dass mein Elternhaus von allen

Erwachsenen stark sozialdemokratisch, links geprägt war. Gespielt habe ich mit meinen Freunden in Ruinen, die es ja Anfang der 50er Jahre noch gab. Mein Opa nahm mich jeden Tag zu einem Spaziergang zum Hafen und den Landungsbrücken mit. Ich konnte dann erleben, wie er mit den Barkassenfahrern seine Späße machte. Er schien sie alle zu kennen und sie ihn. Ähnliches erlebte ich, als die großen Zirkusfamilien ihre Zelte in unserer Nähe, auf dem „Heiligengeistfeld" aufbauten. Hier schien Opa alle Pfleger und Arbeiter zu kennen. Ich war jedenfalls jedes Mal mit ihm auf dem Zirkusgelände, konnte an alle Tierkäfige herangehen und den Artisten beim Trainieren zusehen. Meine Freunde beneideten mich dafür. Nach Opas Tod war dann Umzug in einen Neubau. Jetzt hatte ich sogar ein eigenes Zimmer für mich ganz alleine. Über den Mauerbau wurden wir dann jeden Tag per Tagesschau informiert.

Schulisch und beruflich erlernte ich nach der mittleren Reife den Beruf des Elektromechanikers bei AEG-Schiffbau. Während der 50er und 60er Jahre gab es auch sehr soziale Ansätze in der alten BRD. Zum Beispiel waren die Mieten so bemessen, dass sie in der Regel nicht mehr als 10 % des Nettoeinkommens ausmachten. In dieser Zeit gab es aber auch schon Luxuswohnungen in kleiner Zahl. Die Wohnungsbaugesellschaften und privaten Bauherrn hielten sich an ein bestimmtes Mietniveau, denn es gab noch keine Spekulanten. Während der 70er und 80er Jahre wurde der Satz auf ca. 15 % angehoben. Diese Entwicklung war aber der Lohnentwicklung angepasst, die zwischen 8-12 % im Jahr lag. Der Umbruch kam ab 1982 unter Kanzler Helmut Kohl und seiner proklamierten „Geistig – moralischen Wende." Dazu später mehr.

In den ganzen Jahren habe ich auch immer viel Sport gemacht. Zunächst Fußball, dann mit 13 Jahren parallel dazu Turnen und mit 15 Jahren Karate.

Nach der Lehre kam der Versuch, die Bundeswehr durch eine kurze Periode Seefahrt zu umgehen. Da ich beim Schiffbau Elektriker gelernt hatte, konnte ich sofort auf einem „Bananenjäger" anheuern. Als dieses Schiff aber verchartert wurde, musterte ich wieder ab und ging doch noch zum Bund. Dort war ich dann 2 Jahre als Freiwilliger bei der Raketenabwehr. Das war für mich ganz pragmatisch gerechnet. Statt 90 DM Wehrsold pro Monat bekam ich 600 DM monatlich. Hinzu kamen nach 24 Monaten eine Abfindung von 2.500 DM und eine Offiziersausbildung.

Als nächster Schritt kam dann das Studium der Elektrotechnik. In dieser Zeit fuhr ich des Öfteren Transit nach West-Berlin zu meinem Bruder und Freunden in Spandau und Kreuzberg. Eine richtige Begegnung mit der DDR bekam ich dann 1973 zu den Weltfestspielen in Ostberlin. Eine wirklich tolle internationale Zusammenkunft der Jugend aus aller Welt, ohne jedes Sprachproblem. Es gab immer jemanden, der übersetzen konnte, wenn es direkt nicht klappte.

Parallel zum Studium der Elektrotechnik holte ich mein Abi, das ich schon beim Bund begonnen hatte, im Fernstudium nach. Mein Studium finanzierte ich mit Nebenjobs als Elektriker und mit Nachhilfeunterricht in Mathe und Physik. An vielen Abenden spielte ich in Hamburger Clubs als Gitarrist und Solosänger. In den 70er Jahren gab es in Hamburg unzählige Clubs dieser Art.

Nach dem Studium war ich etwas über ein Jahr in einem Planungsbüro für Haus- und Gebäudetechnik tätig. Eigentlich nicht mein Fachgebiet. Ich hatte ja Impuls- und Digitaltechnik (heute Informatik) studiert. Als Jungingenieur verdiente man deutlich weniger als ein Facharbeiter. In dem Planungsbüro bekam ich das doppelte Gehalt, als sonst für Jungingenieure üblich. Nach fast 2 Jahren meiner Tätigkeit in diesem Büro musste der Besitzer 30 % der Belegschaft entlassen, weil der Geschäftsführer seiner zweiten Firma mit knapp 2 Mio. DM das Weite gesucht hatte und somit die zweite Firma insolvent wurde. Auf dem freien Markt war ich noch immer Jungingenieur. Ich hätte also mein Anfangsgehalt wieder halbieren müssen. Über einen Bekannten hatte ich dann ein Gespräch bei einem Beamtenversicherer. Ich begann dann also eine Tätigkeit als Außendienstmitarbeiter einer Versicherung. Die Arbeit war erstaunlich interessant und das Gesprächsniveau nicht minder. Meine Klientel waren Lehrer und Hochschullehrer. Immer noch mit dem Gedanken einer Übergangslösung bildete ich mich im Bereich der Versicherungen weiter. Nach 4 Jahren „Übergangslösung" machte ich in Abendkursen den Versicherungsfachwirt. Nach dann 10 Jahren „Übergangslösung" erhielt ich den Brief des Versicherungskaufmanns. Über einen kurzen Umweg über die Vereinte Versicherung mit Trainerschein zum Ausbilder begann ich dann beim Gerling-Konzern. Es war für mich der beste Arbeitgeber, weil meine Vorstellungen und die Unternehmensphilosophie ideal zueinander passten.

Die letzten beiden Stationen lagen dann zeitlich gesehen schon nach dem Fall der Mauer. Es gab ein paar Dinge, die für mich außerordentlich wichtig waren. Ich kann mich noch sehr gut an die ersten Jahre von 1989 bis 1995 erinnern. Zunächst an den Abend des 9. Novembers 1989. Ich konnte es gar nicht glauben. Und dann der Freitag. Ich wohnte ganz in der Nähe des Horner-Kreisels, der Autobahnauffahrt Richtung Lübeck und Berlin. Über diesen Kreisel kam eine endlose Schlange von Trabbis und Wartburgs fröhlich hupend nach Hamburg rein. Ich war nicht der Einzige, der an diesem Tag nasse Augen hatte. Tja, und dann kam sehr schnell die Ernüchterung. Ein Heer von Geschäftemachern und Glücksrittern – also schlicht Verbrechern fiel in die damalige DDR ein. Das Ganze geschah nicht nur mit Billigung, sondern mit Unterstützung der Politik der alten BRD. Ich war nur noch zornig, aber auf alles und auf beide Seiten Deutschlands. Meine Vorstellung damals war keine schnelle Vereinigung, sondern zwei deutsche Staaten mit unterschiedlichen Systemen. Es war die Chance, dass eine DDR zeigen konnte, wie ein demokratischer Sozialismus nicht nur praktikabel sein, sondern auch als Vorbild dienen konnte. Was aber passierte? Bis zur Einheit gab es übelste Geschäftemacherei von Leuten, die man nur als kriminell bezeichnen konnte. Im Westen wurde ganz offen darüber gesprochen, dass man Autos, die schon Rostlauben waren, noch für viel Geld verkaufen könne. Klar war die DDR ein Land, indem unser TÜV bedeutungslos war. Ein knappes Jahr später sah das schon anders aus. Noch ein paar Jahre später haben sich zahllose Käufer aus der Ex-DDR ungläubig die Augen gerieben, als sie von Theo Waigels Finanzministerium eine Zahlungsaufforderung zu hohen Geldbeträgen bekamen. Herr Waigel war als Finanzminister ständig in Geldnot. Er hatte sich überlegt, dass die DDR in den Jahren 1989 bis Oktober 1990 noch ein eigenständiger Staat war, bei dem auf „ausländische" Fahrzeuge eine sehr hohe Importsteuer anfiel. Diese Steuer sollte jetzt an das nun gesamtdeutsche Finanzamt gezahlt werden. Dass sich Leute wie Waigel im Nachhinein nicht einmal geschämt haben, sagt einiges über die bundesdeutschen Politiker aus. Er bekam nach dieser Aktion noch das Schulterband zum Bundesverdienstkreuz. In der hamburgischen Verfassung ist es Politikern verboten Orden anzunehmen. Herr Waigel ist Bayer, dort sind solche und andere Dinge erlaubt. Bayern war rein völkerrechtlich betrachtet gar kein Bestandteil der BRD. Bayern hatte als einziges Bundesland das Grundgesetz nie unterschrieben- war also faktisch Ausland.

Dann folgte der „Verkauf" der DDR durch Lothar de Maiziere. Wie ein Schuljunge hat er sich von Kohl und Co. über den Tisch ziehen lassen. Als ich die letzten Wochen der DDR sah, sagte ich zu meinen guten Freunden, die mir sofort zustimmten – das ist keine Wiedervereinigung, das wird in Wirtschaftskreisen „feindliche Übernahme" genannt.

Was Kohl und einige andere, die sich gut informiert hatten, damals schon wussten: Die BRD war zu diesem Zeitpunkt faktisch pleite. Die alte BRD übernahm die DDR nicht als der wirtschaftlich stärkere Partner. Sie machte es, wie man es in der US-amerikanischen Wirtschaft kennengelernt hatte. Das „schlechtere" Unternehmen muss nur alle miesen Tricks kennen, um das andere zu übernehmen. Danach wird das übernommene Unternehmen zum eigenen Vorteil ausgeschlachtet und zerschlagen. Das war die Basis und die Vorgehensweise der Treuhand. Den größten Hauptnutzen zog, zumindest in den ersten 10 bis 15 Jahren, die alte BRD. Als Nächstes wurde ein Heer von zweit- und drittklassigen „Führungskräften" in die neuen Bundesländer geschickt, die dort die Betriebe im Sinne des Westens abwickelten. So kam eins zum anderen.

Im Anfang der Treuhand gab es ja noch den ersten Chef, Detlev Karsten Rohwedder, der wirklich auf einem guten Weg war. Sein Hauptziel war möglichst viele Betriebe der DDR ins neue Wirtschaftssystem zu überführen. Er wurde nach knapp einem Jahr seiner Tätigkeit ermordet. Die Täter waren RAF-Leute, wie es hieß. Merkwürdig ist nur, dass selbst bei den RAF-Morden der kriminalistische Grundsatz gilt: „Wem nützt es?" Der RAF nützte es gar nichts, aber wohl anderen, die ich hier gar nicht aufzählen will. Natürlich passte das mit der RAF gut ins Bild und verhinderte auch, in andere Richtungen zu ermitteln. Danach kam die Nachfolgerin Birgit Breuel, Wirtschaftssekretärin im Kabinett von Ministerpräsident Ernst Albrecht in Niedersachsen. Unter Birgit Breuel wurden dann zuhauf DDR-Firmen zum Symbolpreis von einer Deutschen Mark an westdeutsche Unternehmen übergeben. Auch ihr ehemaliger Ministerpräsident Ernst Albrecht war Nutznießer dieser Aktion. Er erwarb eine Firma mit Gebäuden und Liegenschaften, die er später für mehrere Millionen wieder verkaufte. DDR-Bürger waren von dieser Aktion ausgeschlossen. Es gab DDR-Bürger, die sich zusammengeschlossen hatten, um Betriebe und Arbeitsplätze zu sichern, um dann weiter gute Produkte zu produzieren. Sollten solche Bürger einmal einen Zuschlag bekommen haben, erhielten sie „rein automatisch" keine Kredite von den Banken. Diese Betriebe bekamen von den gleichen Banken eingesetzte „Strohmänner", die danach die Firmen übernahmen und sofort abwickelten. Mir persönlich sind allein 4 Fälle dieser Praktik der Hamburger Sparkasse in Mecklenburg-Vorpommern bekannt.

Es gibt viele Dinge, die mich auch im Nachhinein zornig machen. Dazu gehören auch Dinge aus der ehemaligen DDR, wie der blutig niedergeschlagene Aufstand vom 17. Juni 1953. Dieser 17. Juni wurde im Westen als Nationalfeiertag ausgerufen, mit dem Namen: „Tag der Deutschen Einheit." Hier frage ich mich ehrlich, wozu wir jetzt noch mit dem 3. Oktober, einen weiteren Tag der Deutschen Einheit brauchen? Und mal ganz nebenbei, beide Tage sind ausschließlich den Bürgern der ehemaligen DDR zuzuschreiben. Den 17. Juni 1953 mussten nur DDR-Bürger ausbaden und den Mauerfall haben auch ausschließlich und ganz allein DDR-Bürger erreicht. Die CDU feiert aber immer noch Helmut Kohl als Schöpfer der deutschen Einheit. Den 1961 erfolgenden Mauerbau bekamen wir täglich im Fernsehprogramm kommentiert und zu sehen. Der immer weitere Ausbau der Sicherheitszonen an der Grenze und das Vollstrecken des Schießbefehls machten mich ebenso zornig. Obwohl Reserveoffizier, engagierte ich mich ab Mitte der 70er Jahre in der Friedensbewegung. Ich fand mich da durchaus nicht im Widerspruch. Wie schon gesagt, fuhr ich in den 70er und 80er Jahren oft Transit nach Berlin und hatte da so meine eigenen Erfahrungen. In der Springer-Presse hörte man damals fast täglich von den Schikanen und dem Auftreten der DDR-Grenzsoldaten an den Kontrollpunkten. Ich glaube auch hier galt der Spruch: Wie man in den Wald rein ruft... Ich war an den Übergängen freundlich und wurde wirklich von allen „Grenzern" höflich und freundlich behandelt. Ganz im Gegenteil dazu öfter mal das Verhalten des Bundesgrenzschutzes auf der „Westseite" unwirsch und unhöflich. Als ich einmal mit meiner damals schon 70-jährigen Mutter nach West-Berlin fuhr, bin ich aus dem Wagen raus zum Kontrollhäuschen und verlangte den Vorgesetzten. Was ich denn hätte, fragte er etwas brüsk. Meine Antwort gab ich dann auch in einem militärischen Ton: Schicken Sie Ihre Leute mal für zwei Wochen zu den Kollegen nach drüben, damit man Ihnen mal anständige Manieren beibringt. So ließ ich ihn dann stehen, ging zum Wagen und fuhr los. Meine Mutter musste schmunzeln.

Interessant waren auch Erfahrungen vor und nach dem Mauerfall im Vergleich. Wenn vor 1989 jemand aus der DDR floh bzw. ausgebürgert wurde und Lehrer(in) war, wurde die Person innerhalb von max. 6 Wochen in Hamburg und anderen Bundesländern in den Schuldienst übernommen und verbeamtet.

Damals die Aussage des Oberschulrates: „Ich muss fairerweise sagen, dass die eine bessere Ausbildung haben. Die brauchen kein Referendariat, weil sie ab dem 1. Semester immer wieder in den Schulen hospitieren. Die sind ab Studienbeginn auch in der Praxis." Das änderte sich schlagartig mit der Wiedervereinigung. Jetzt war diese Ausbildung nur noch zweitklassig. Meine Frau, in Rostock Lehramt studiert und dort auch als Lehrerin tätig gewesen, musste im Alter von 50 Jahren das Referendariat nachholen. Diese und ähnliche Verfahrensweisen gab es auch in anderen Sparten. Wenn ich mir zum Beispiel den desaströsen Zustand der deutschen Nachrichtendienste ansehe, ob BND, MAD oder Verfassungsschutz, frage ich mich ernsthaft, warum man pausenlos gegen Markus Wolf ermittelt hat. Man hätte ihm die Leitung dieser Dienste anbieten müssen. Er war weltweit gefürchtet und geachtet als wohl bester Fachmann in seinem Metier. Ich denke, es ist die fast grenzenlose Arroganz des Westens, der ausschließliche „Gralshüter" des märchenhaften und glücksbringenden Systems zu sein. Wie wäre es wohl gewesen, wenn sich Gregor Gysi mit seiner Idee von zwei deutschen Staaten durchgesetzt hätte? Beide demokratisch, wobei die DDR demokratisch sozialistisch gewesen wäre. Hätte man dann im Westen trotzdem Rentner und Kinder in die Armut getrieben? Wäre der Staat im Westen dann dennoch größter Grundstücksspekulant geworden und hätte er Versorgungsunternehmen wie Bahn, Post, ÖPNV, E-Werke, Gaswerke und Krankenhäuser privatisiert? Ich habe da so meine Zweifel. Diese Gedanken sind leider rein spekulativ. Die jetzige Politik am Bürger vorbei und nur Lobbyisten verpflichtet, macht die AfD und ähnliche Gruppierungen immer stärker. Vielleicht ist das der Moment, um darüber nachzudenken, oder besser, tätig zu werden. Diese Gruppierungen muss man nicht pausenlos verteufeln, sondern die eigenen Werte mal prüfen und ändern. Nicht reden und fabulieren, sondern handeln. Ich fürchte nur, das wird nicht passieren. Wir haben mit der „Weimarer Republik" ein Mahnmal vor uns, und glaubt mir: Geschichte wiederholt sich. Seit ein paar Tausend Jahren scheint sich dieses Spiel tatsächlich zu wiederholen- nur die Zeiträume werden kürzer und schneller.

Mit meinen inzwischen fast 75 Jahren habe ich nur das Glück gehabt, deutlich bessere und sozialere Zeiten mitzuerleben. Man muss ein Smartphone nicht wie ein Glaubensbekenntnis

betrachten. Man könnte Menschen auch wieder direkt anspre-
chen ohne Gefahr zu laufen ein Stalker oder Belästiger zu sein.

Man muss nicht jeden Tag mindestens 10-mal über Queere
berichten und Parteiprogramme danach gestalten – man muss
einfach tolerant sein, wie „Friedrich der Große." Unsere Politiker sind offenbar wie Lemminge. Sie sehen den Abgrund und
laufen noch schneller darauf zu.

Ich kenne die Entwicklungsgeschichte einiger gleichaltriger
Ostdeutscher und wenn ich mal so überlege, hatten diese und
ich in zwei deutschen Staaten eigentlich einen ähnlichen Wer-
degang. Diese beiden deutschen Länder waren bis 1982/83 in
ihrer Leistungsfähigkeit gar nicht so unterschiedlich. Nicht zufällig wurden in den westdeutschen Kaufhauskonzernen „weiße"
und „braune" Waren von in der DDR produzierten Produkten
angeboten. Es handelte sich dabei um Kühlschränke, Waschmaschinen, Stereoanlagen und Fernsehgeräte. Die TV-Geräte
aus der DDR hatten da sogar noch den Vorteil, dass sie ab Werk
einen PAL/Secam-Decoder eingebaut hatten. In der BRD gab es
diesen Decoder nur gegen Aufpreis. Auf jeden Fall hatten die in
der DDR produzierten Geräte einen guten Ruf.

An den technischen Hochschulen und Fachhochschulen
der BRD wurden in den Bereichen Physik, Chemie und Mathematik von den Professoren und Dozenten fast ausschließlich
Lehrbücher von einem in Leipzig ansässigen VEB-Buchverlag
empfohlen. Ich kann nur bestätigen, dass sie exzellent waren.

Für mich begann der Niedergang in unserem Land bereits
1982. Der damalige Bundeskanzler Helmut Kohl „verkaufte"
ein sehr gut funktionierendes Wirtschaftssystem an die Raff-
suchtsinteressen der Deutschen Bank. Im Ausland wurde dieses
Wirtschaftssystem respektvoll „Deutschland GmbH" genannt.
Mit diesem Schulterschluss zur Deutschen Bank und anderen
wurden scheunentorähnlich weltweit für Spekulanten alle Tü-
ren geöffnet.

Nur dadurch war es Spekulanten möglich hervorragend auf-
gestellte, weltweit angesehene, schuldenfreie und gute mittel-
ständische Firmen aufzukaufen und dann zu zerschlagen. Diese

Spekulanten bekamen beste Kredite für den Kauf, beseitigten diese Firmen als lästige Konkurrenten und verdienten zusätzlich an der Demontage. Solche Vorgänge waren in der Zeit der „Deutschland GmbH" nicht möglich. Verdient haben nur Banken und Großkonzerne, wobei diese ein paar Jahre später genau diesem „Neuen Modell" zum Opfer fielen.

Solche und ähnliche Vorgehensweisen gab es dann auch plötzlich im Wohnungsbau. „Investoren" (mein persönliches Unwort des Jahrhunderts) kauften im großen Stil Immobilien und trieben mit ständigen Kauf und Wiederverkauf die Preise immer schneller und weiter hoch. Der Verkauf ging dann oft noch an eigene Firmen, genannt Holdings, zu überteuerten Preisen, um auch noch den letzten Steuervorteil zu nutzen. Diese Handlungen führten logischerweise zu explodierenden Mieten. In 16 Jahren Politik unter Kanzler Helmut Kohl wurde die westdeutsche Wirtschaft auf Talfahrt gebracht. Die richtigen Auswirkungen waren leider erst ab 1990 zu sehen, als die BRD faktisch schon pleite war und nur durch die Wiedervereinigung beider deutscher Teilstaaten gerettet wurde.

Leider versäumte die Regierung Schröder/Fischer eine Umkehr. Das führte dazu, dass der Minister für Finanzen, Oskar Lafontaine, bereits 1999 zurücktrat. Kanzler Gerhard Schröder bekam zu der Zeit den spöttischen Beinamen „Genosse der Bosse." Die darauffolgenden Jahre unter Kanzlerin Angela Merkel brachen uns dann endgültig das Kreuz. Eine wirkliche Änderung der Politik wäre nur radikal möglich gewesen. Eine profillose SPD, eine zur FDP- de Luxe mutierte Partei der Grünen und eine sich bis auf die Zeit von Walter Scheel nie geänderte FDP sind dazu definitiv nicht in der Lage. Da sich inzwischen auch die Linkspartei vom Wähler zu weit entfernt hat, sehe ich -man verzeihe mir hier diese Bezeichnung- keine Alternative für Deutschland.

Interessant ist aber, dass wir bis 1990 eigentlich die ganze Zeit vereint waren. Vereint in unserer Art, Arbeit auszuführen, Verlässlichkeit und Ideenreichtum zu leben, nur in unterschiedlichen Systemen. Bürokratie und Vorschriften waren auch damals schon sehr ausgeprägt.

Ein französischer Architekt sagte mir einmal: „Eure Häuser sind deshalb so teuer, weil sie soviel aushalten sollen, wie ein Atombunker."

Diese Bürokratie haben wir in Deutschland soweit gesteigert, dass ein Handwerksmeister 90 % seiner Arbeitszeit mit Statistiken, Rechtfertigungen und Berichten an Behörden verbringt. Dem Bundestag und die ihm angeschlossenen Landtage fallen immer neue Vorschriften ein, deren Sinn sich einem Nichtbürokraten kaum erschließt. In diesem Dilemma sind Ost und West nun wirklich vereint.

Vielleicht packen wir es doch noch einmal als „Wir sind das Volk."

Von einem, der beide Seiten
gut einschätzen kann

Rainer

Ich wurde 1952 als viertes Kind in unsere Familie hineingeboren. Mein Vater arbeitete im Schichtbetrieb auf der Neptunwerft Rostock als Heizer und meine Mutter war Reinigungskraft und Haushaltshilfe.

Nachdem die Familie unter äußerst beengten Bedingungen in einer Doppelhaushälfte mit weiteren 4 Familien leben musste, zogen wir in eine 2 1/2-Zimmer-Neubauwohnung in Rostock Reutershagen. Diese Wohnung war im 4. Stock und hatte eine Küche, ein Bad, Gasversorgung zum Kochen und Warmwasser. Geheizt wurde mit Kachelöfen.

Es war kein Paradies, aber die Wohnverhältnisse hatten sich gebessert. Als mein Vater die Familie verließ und die beiden älteren Geschwister nicht mehr dauerhaft zu Hause wohnten, blieb der männliche Teil der Hausarbeit an mir hängen.

Fahrradreparaturen mit Altteilen, Brennholz von Baustellen holen, Kohlen erbetteln und manchmal auch klauen, sowie Reparaturen im Haushalt, wie z. B. undichte Fenster, standen früh auf dem Zettel eines Schuljungen. Für die Bedürfnisse dieses Schuljungen musste aber auch Zeit sein. In jeder freien Minute wurde Fußball oder Federball gespielt. Im Winter fuhr ich mit einem auf der Werft geschweißten Schlitten, der sehr schnell und für alle mehr als gefährlich war.

In unserem Wohngebiet wurden Fußballturniere von Straßenmannschaften organisiert. Dieser mit viel Freude engagierte Spielbetrieb lockte auch Talentsucher an.

Irgendwie -wohl über ein vorhandenes Talent- gelang es mir, zu einem Probetraining für Schüler beim FC Hansa zu bestehen. Ich nahm nun als Torwart am richtigen Spielbetrieb teil.

Das vorstellbar Größte war erreicht. Zuvor hatte ich zusammen mit meinem Vater die Fußballmannschaften der Rostocker Clubs im Ostseestadion angefeuert, nun gehörte ich zur Nachwuchsabteilung. Etwas Schöneres konnte es nicht geben. Wenn mein Fahrrad wieder einmal kaputt war und die 20 Pfennig für einen Busfahrschein fehlten, ging ich zu Fuß in Trainingssachen zum Stadion und zurück. Es sollte aber auch keiner wissen, ich wollte Fußballspielen.

Nach dem Training war die Speisekammer nicht immer gefüllt. Heutzutage würde man Kühlschrank sagen. Die Speisekammer war eine von Außenluft durchzogene Kammer in einer Ecke der Küche. Es gab dann einfache Gerichte mit viel Fantasie meiner Mutter. Das schmeckte lecker und Fragen nach noch gesünderen Lebensmitteln gab es nicht.

Meine Mutter hat mit mehreren Jobs versucht, mir und meiner drei Jahre älteren Schwester ein gutes Leben zu ermöglichen. Es reichte halt nicht immer. Ein Sportsfreund und Mitspieler von mir mit offensichtlichen Westkontakten hatte immer Geld in der Tasche. Solche Situationen ergaben sich zwangsläufig in einem geteilten Deutschland. Natürlich war es einfach mit Westkontakten die eine oder andere Lücke auszugleichen. Dieser Mitspieler hatte ein außergewöhnliches fußballerisches Talent und in dieser Kombination eine gewisse Narrenfreiheit. Viel später habe ich von ihm selbst erfahren, dass sein Familienleben mit den vielen Möglichkeiten ihn eher unzufrieden gemacht hatte und er damit nicht gut umgehen konnte.

Hinzukommende neue Mitspieler wurden aber nicht gleich Freunde. Der Druck, auch am Wochenende in der Startelf zu stehen, löste einen Konkurrenzkampf aus.

Auf höherem Leistungsniveau musste ich feststellen, dass nicht nur die sportliche Leistung entscheidet.

Auch im Arbeiter-und Bauernstaat DDR wurden Unterschiede nach politischen und Standeskriterien gemacht. Förderungen in Sportschulen und -clubs wurden oft nach solchen Kriterien bewertet. Das waren Widersprüche mit denen ich nicht umgehen wollte und auch nicht konnte. Meine Frisur war zum Beispiel Grund genug für den Cheftrainer, mir kurz vor Spielbeginn das Auflaufen zu untersagen. Durch diesen Vorwand hat er mit Sicherheit jemandem anderen einen Gefallen getan. Mein Trainer wurde dabei übergangen. Das war es dann für mich. Ich beendete meine Leidenschaft trotz guter sportlicher Leistungen. Zu diesem Zeitpunkt hatten wir bis zu 7x pro Woche Training, inkl. Torwarttraining. Ich hätte für meine körperliche Gesundheit abtrainieren müssen. Die viel gepriesene Gesundheit von Leistungssportlern war wohl doch nicht so wichtig, da es keinen mehr interessiert hat.

Meine Absicht, beim VEB[15] Deutsche Seereederei Rostock zur See zu fahren, war erfolgreich. Ich hatte ein positives Ansehen als Sportler und meine schulischen Leistungen waren gut. Nach der Meinung so mancher Lehrer hätten sie durchaus noch besser sein können.

Ich begann meine Lehre zum Vollmatrosen auf dem Lehr- und Frachtschiff „Georg Büchner." Auf diesem Schiff waren noch ca. 160 andere junge Leute, die auch zur See fahren wollten, um auch einmal hinter den Eisernen Vorhang schauen zu können. Dieses und noch ein weiteres Schiff waren für die Ausbildung junger Seeleute gedacht. Hier lernte man das 1x1 der Seemannschaft. Als Rudergast bei schwerem Wetter habe ich unseren Kapitän im Nachthemd und Schlafzipfelmütze bei Nacht auf der Brücke gesehen. Es war wohl eine ernste Situation. Auf jeden Fall hat mein Respekt keinen Schaden genommen. An Bord gab es immer reichlich zu essen. Viele Sachen, die ich auch nicht kannte. Seeluft macht bekanntlich hungrig und junge Leute haben Hunger. Wir Lehrlinge mussten die Versorgung der Essensausgabe selbst regeln. An jedem Tisch war ein täglich wechselnder Backschafter[20] für die Versorgung verantwortlich. Für den Backschafter war dieser Tag die Hölle, weil für ihn selbst wenig übrigblieb. Für diesen Job war also ein Organisationstalent gefragt.

Mein früher völlig unterschätztes musikalisches Talent brachte mir einen Platz in der Bordband ein. Unsere Auftritte vor der Besatzung und den Ausbildern halfen mir, schnell eine vorteilhafte Position innerhalb der Besatzung zu erlangen. Das war ein sehr wertebasierter Vorteil bei der Essenbeschaffung.

Bei meinem ersten Gruppenlandgang in London war ich überwältigt vom Kapitalismus. Das, was ich dort sah, gab es zuvor nur aus Erzählungen oder im verbotenen Westfernsehen. Für diesen Landgang gab es auch englische Pfund. Als Lehrlinge verdienten wir pro Tag 70 Pfennig Devisen, also Westgeld. Diese Reise führte uns nach Kuba. Im Vergleich dazu ging es uns in der DDR gar nicht so schlecht. Nach der kubanischen Revolution 1959 wirkte sich das Handels-, Wirtschafts- und Finanzembargo der USA sehr negativ auf die kubanische Wirtschaft aus. Die Enteignung von Bürgern und Unternehmen der USA hatte sichtbare Folgen hinterlassen. Kuba hatte also einen starken kapitalistischen Gegner.

Durch die lange Liegezeit unseres Schiffes hatte ich natürlich auch Kontakt zu Einheimischen. In der Mangelwirtschaft gab es für wenig schon sehr viel. Das gängigste Zahlungsmittel waren Kämme, Nylons und Uhren, die wir schon in Rostock besorgt hatten. Diese Sachen mussten bei der Ausfuhr und Einfuhr geschmuggelt werden. Wir waren jung, neugierig und risikobereit.

Ein weiteres Ziel der Reise war Mexiko, mit den Häfen Veracruz und Tampico. Hier habe ich dann meine erste Anschaffung von meinen Devisen gemacht. Ich kaufte mir zwei Singels der Rolling Stones, die noch heute in meinem Besitz sind und als Heiligtum gelten.

Nach einem Jahr Ausbildung habe ich mich für die Spezialisierung Maschinenbetriebstechnik entschieden. Wir Lehrlinge wurden dann auf Handelsschiffen der DSR eingesetzt. Die weitere Ausbildung wurde von den Besatzungen übernommen, je nach Lehrlingsstärke auch in Koordination mit einem Lehrbootsmann. Die Handelsflotte der DDR sollte stark wachsen und so wurden gut ausgebildete junge Leute benötigt. Unsere Ausbildung war sehr umfangreich. Die Arbeiten an den Maschinenanlagen der Typ 4-Schiffe mit vier Hauptmaschinen waren auch für einen ehemaligen Sportler körperlich sehr anstrengend. Das Leben an Bord war von

Kameradschaft geprägt. Aus heutiger Sicht hatten alle Besatzungsmitglieder einen hohen Bildungsgrad im Allgemeinwissen und in fachlicher Hinsicht.

Nach zweijähriger Lehrzeit habe ich meinen Abschluss auf einem Typ 10-Schiff gemacht. Während des Einsatzes im Ostafrika-Liniendienst waren Landgänge in Hamburg, Bremen, Rotterdam, Amsterdam, Antwerpen u. v. a. völlig normal. Auch wenn die Devisen erhöht wurden, waren größere Anschaffungen und Ausgaben fast unmöglich. Über verschiedene Makler und Institutionen wurden aber Ausflüge zu Sehenswürdigkeiten für die Besatzungen organisiert. Diese Ausflüge waren, wie im Sozialismus der DDR üblich, free of charge!

Nach der Lehre fuhr ich 2 1/2 Jahre als Maschinenassistent weiter zur See. Bei Landgängen in Afrika sah ich die Armut und die Lebensbedingungen der Menschen in Mombasa, Daressalam und Lagos. Der sehr niedrige Lebensstandard war trotzdem mit einer hohen Lebensfreude gepaart.

Die völlig unstrukturierte Arbeitsorganisation in diesen Häfen führte zu langen Liegezeiten der Schiffe, nicht zum Erstarken der eigenen Wirtschaft.

Die Kernaussage für die Arbeitsmoral und die Nichteinhaltung von Vereinbarungen war „maybe today, maybe tomorrow." Das galt in Ost- wie auch in Westafrika.

Anlaufpunkte für die ostdeutschen Seeleute in den meisten Häfen waren die Seemannsmissionen, obwohl diese nicht von der DSR[14] unterstützt wurden. Durch die Missionen wurden Fußballspiele zwischen den Besatzungen oder auch kulturelle Veranstaltungen organisiert. Hier kamen alle Seeleute zusammen, natürlich auch Menschen beider deutscher Staaten. So unterschiedlich waren die jungen Leute nicht.

Wieder in Rostock, lernte ich meine spätere Frau kennen. Als unser erstes Kind unterwegs war, wollten wir auch heiraten. Das Schiff, auf dem ich fuhr, kam aber nicht rechtzeitig in Rostock an, so dass der Standesbeamte die Ernsthaftigkeit unserer Absicht anzweifelte.

Als Ehemann führten mich weitere Reisen nach Westafrika. Mit dem Schiffstyp „Afrika" gab es erstmalig für mich einen doch schon hochkomplexen automatisierten Maschinenbetrieb. Hier wurde mein Interesse für eine Weiterbildung geweckt und von dem Chief, dem leitenden Ingenieur, auch gefördert. Als Test wurde auf diesen Schiffen das Modell der „Mindestbesatzung" erprobt. Die Besatzungszahl wurde im ersten Schritt von 30 auf 21 Mann reduziert.

Meine Bewerbung an der IHS Warnemünde/Wustrow war erfolgreich. Eine Ingenieurhochschule mit Tradition und richtig Power. Mit Hilfe der Ingenieure an Bord habe ich mich mit dem schulischen, theoretischen Wissen als Vorbereitung auf das Studium beschäftigt. Für die Zulassung musste ich einen Hochschulvorbereitungslehrgang, das sogenannte „Notabitur", bestehen. Das hat mit dieser Vorbereitung an Bord gut geklappt.

Als junge Studentenfamilie war das staatliche Stipendium etwas zu kurz bemessen. Solange wir bei den Schwiegereltern wohnten, gab es keine wirtschaftlichen Engpässe. Die Wohnungsknappheit in Rostock konnten wir in der Familie sauber lösen. Durch die Zuweisung einer AWG-Wohnung[16] für einen Onkel, der diese nicht mehr benötigte, konnten wir eine Lösung finden. In diesem Zusammenhang waren Tricksereien nicht erlaubt, aber hilfreich.

Als Direktstudent mit Kind in einer Zweizimmerwohnung, das war schön und sucht nach Beispielen.

Während des Studiums konnte ich durch Hilfsjobs die Haushaltskasse etwas unterstützen. Aus heutiger Sicht war das Partyleben in dieser Zeit deutlich intensiver als später mit geregeltem Einkommen. Das Studium der Schiffsbetriebstechnik konnte ich nach 4 Jahren erfolgreich abschließen.

Ich fuhr nun als Maschineningenieur zur See. Zwischenzeitlich waren moderne Schiffe mit automatisiertem Maschinenbetrieb im Einsatz. Als Jungingenieur bin ich mit tollen Menschen zusammengekommen. Einerseits wurden mir als jungem Wilden die Flügel gestutzt und andererseits habe ich fachlich und menschlich sehr viel lernen können. Mit einigen dieser Kollegen habe ich heute noch Kontakt.

Wie bei der DSR üblich erfolgte der Einstieg als 3. Ingenieur. Durch Leistung und guter Einschätzung durch die Vorgesetzten konnte man dann 2. Ingenieur, 1. Ingenieur oder leitender Ingenieur werden. In der sozialistischen Seefahrt spielte der Einfluss der führenden Staatspartei SED[17] und die Überwachung durch die Staatssicherheit eine wichtige Rolle. Nicht alle Personen, die diesen Organisationen dienten, waren besonders klug. Einige konnte man schnell erkennen, aber eben nicht alle. Eine gewisse Sensibilität für bestimmte politische Äußerungen oder im persönlichen Umgang musste ich entwickeln. Diese, sicherlich besondere Situation änderte aber nichts daran, dass sich Seeleute aus vielen Ländern in den Seemannsmissionen trafen. Es wurden dort auch Dinge zum gegenseitigen Nutzen besprochen und ausgetauscht. Es wurde Alkohol des VEB Schilkin Berlin gegen nicht jugendfreie Zeitschriften von westdeutschen Schiffen getauscht. In einem anderen Hafen wurden diese unter Zugabe von Schilkin Wodka gegen portugiesische Kartoffeln von einem russischen Schiff getauscht. Diese Aktion war dringend notwendig, da ein Teil von unseren gelagerten Kartoffeln vergammelt war. Die Besatzung freute sich über das Ergebnis einer heimlichen nächtlichen Aktion.

Für das Zusammenleben an Bord wurde viel organisiert und nicht zuletzt auch zur Überbrückung der langen Liegezeiten. Auf einem Schiff gab es Surfboards zur Benutzung aller, auf einem anderen gab es ein Speed-Boot, das zur Ausrüstung gehörte. Zu den absoluten Highlights für mich gehörten 5-malige Safaris in den Tsavo East Nationalpark in Kenia mit einer wahnsinnig vielfältigen Pflanzen- und Tierwelt. Das Leben der verschiedenen Stämme in dieser Welt war für mich nicht nachvollziehbar. Im Vergleich zu unserem gewohnten Lebensstandard lebten diese Stämme in der mir in der Schule vermittelten Urzeit. Diese Menschen waren glücklich und haben uns Gaffer bestimmt nicht verstanden. In dem 1990 erschienenen Buch „Kenia – Reisen im Garten Eden" vom Landbuch-Verlag Hannover kann jeder nachvollziehen, was die Seefahrt mir ermöglichte. Meine Erfahrungen trafen auch bei einem Ausflug von Duala/ Kamerun zu einem Stamm der Pygmäenzwergvölker voll zu. Als mitreisende Ehefrau konnte meine Frau auch an einer Safari in Kenia teilnehmen. Erst viel später habe ich die Rücksichtslosigkeit des Kapitals durch den europäischen Mülltransport nach Afrika begriffen. Ich musste erkennen, dass diese Idylle nach und nach zerstört wird.

Für verheiratete Seeleute gab es eine Besonderheit und somit Sonderstellung innerhalb der Gesellschaft der DDR. Bei entsprechendem Zeugnis des Seemanns durften die Ehefrauen alle 2 Jahre ihren Mann auf einer Reise begleiten. Da sehr viele Frauen in der DDR berufstätig waren, war der Arbeitgeber verpflichtet, die Frau bis zu einem halben Jahr freizustellen. Wie im Sozialismus der DDR üblich, wurde das familiäre Umfeld staatlich abgeprüft.

Auch ohne Mitgliedschaft in der SED durfte ich meine Frau 1970 das erste Mal über Westeuropa nach Westafrika mitnehmen. Wir hatten zwei Kinder, die wir in der Obhut der Großmutter zurückließen. Das war die schwerste Entscheidung überhaupt. Trotz bester Sicherheitsausbildung können Seeunfälle immer passieren! Für meine Frau waren die Landgänge in Lübeck, Hamburg und Rotterdam überwältigend. Gespräche über sichtbare Unterschiede zwischen West und Ost waren normal, Gedanken an eine Republikflucht kamen uns aber nie. Uns war bewusst, dass wir zu einer privilegierten Schicht gehörten und eine Verantwortung für unsere Kinder hatten.

Ich bin fest davon überzeugt, dass es die friedliche Revolution nicht gegeben hätte,wenn der an Bord praktizierte Sozialismus im Alltag der DDR ganz normal gewesen wäre.

Meine fachlichen Qualifikationen reichten für den letzten Schritt auf der Karriereleiter nicht aus. Mir fehlten die letzten 5 Gramm des Parteiabzeichens. So wurde ich dann von einem parteilosen Chief von der Notwendigkeit der Mitgliedschaft in der SED überzeugt.

Bis zur Wende konnte ich meiner Frau 3-mal die Welt außerhalb der DDR zeigen. Zu Hause hatten wir ein gutes Leben. Wir waren in eine 3 ½-Zimmer-Neubauwohnung in Rostock-Schmarl gezogen, wir hatten ein Auto und unseren Kindern ging es gut. Schule und Sport halfen bei der Entwicklung. Einige Wünsche, die außerhalb des Warenangebots der DDR lagen, konnte ich im Ausland kaufen. Unsere Kinder lernten sehr früh, mit solchen Besonderheiten umzugehen.

Am Abend des 9. November 1989 befand sich das Motorschiff „Fleesensee" vor der westafrikanischen Küste. Der Funkoffizier störte unsere Doppelkopfrunde mit der Information: Die innerdeutsche Grenze sei offen! In der Runde glaubte das keiner und er wurde gefragt, mit welchem Zeug er sich betäubt hat. Wenig später wurden die Telexinformationen satzweise aus dem Drucker gerissen. Richtig begreifen konnte ich das nicht. Die Telefonie über Rügen/Radio und Norddeich/Radio kam wohl wegen Überlastung zum Erliegen. Die Reise wurde entsprechend dem Fahrplan zu Ende geführt. Die Besatzung wurde in Antwerpen abgelöst und die Einreise in die DDR erfolgte per Bus. Die Grenzkontrolle erfolgte ohne Sichtung der Seefahrtsbücher, wie sonst immer üblich. Auf die Frage unseres Kapitäns, ob etwas nicht stimme, erwiderte der Grenzbeamte: Er hätte schon lange keinen so vollen Bus zurück in die DDR gesehen.

Bis Ende Juni 1990 fuhr ich auf verschiedenen Schiffen der DSR. Zur Wende hatte die DSR noch 144 Schiffe und ca. 8000 Seeleute. Mit der Privatisierung der DSR und der rasanten Flottenbereinigung war die Freisetzung von Arbeitskräften leicht vorhersehbar. So habe ich mich in Hamburg über den westdeutschen Heuertarifvertrag informiert. In Absprache mit der technischen Inspektion in Rostock haben wir den Arbeitsvertrag im Juni 1990 beendet, entsprechend dem zu diesem Zeitpunkt geltenden Sozialplan.

Es begann meine Bewerbungsphase auf dem westdeutschen Arbeitsmarkt. Der Markt war eigentlich schon gesättigt, da sich viele Reedereien schon mit sehr gut ausgebildeten Seeleuten der DSR saniert hatten. Aus späteren persönlichen Begegnungen weiß ich, dass sich viele ehemalige Kollegen aus Unkenntnis über den Tisch ziehen lassen haben. Das verlockende große Geld verhinderte das Lesen des Kleingedruckten. Ich heuerte nach Heuertarifvertrag bei einer westdeutschen Reederei an. Die technische Anlage meines ersten Schiffes befand sich in einem unverantwortlichen Zustand. Mein Schiffssicherheitsverständnis kollidierte mit den sichtbaren Mängeln dieser Anlage. Ich habe das Schiff von Rotterdam nach Antwerpen begleitet und den Arbeitsvertrag im gegenseitigen Einvernehmen aufgelöst. Als Familienvater und Ingenieur war mein über Jahre gewachsenes Sicherheitsverhältnis für seegehende Schiffe zerstört.

Wenig später habe ich bei einer anderen Reederei unterschrieben und war dort bis 1994 als Leiter der Maschinenanlage angestellt.

In dieser ganzen Wende- und Wechselgeschichte wurde die Ausbildung meines Sohnes plötzlich zum Problem. In der DDR war alles im Umbruch und keiner konnte dort eine vollumfängliche Ausbildung garantieren. Die schon 1989 begonnene Lehre bei der DSR mussten wir abbrechen. Einschränkungen in der Ausbildung wollten wir nicht hinnehmen. Unser Wendekind konnte sich mit seinem bis dahin erworbenen Wissen aber letztlich gegen 1000 Mitbewerber bei der Systemtechnik Nord in Hamburg durchsetzen und wurde Elektriker.

Bei unserem Bemühen, uns für die neue Arbeitswelt fit zu machen, lernten wir sehr hilfreiche Menschen kennen, und auch viele Besserwessis. Irgendwie hatten die meisten überhaupt kein Wissen über die DDR. Sie konnten sich nicht vorstellen, dass dort Menschen auch zufrieden gelebt haben. Kaum jemand war je dort gewesen, aber alle wussten, wie schlecht es mir dort ging.

Für mich völlig neu waren die Mischbesatzungen verschiedener Nationalitäten auf den Schiffen der Reederei. Die Reederei „Hamburg Süd" hatte auf den Tuvalu-Inseln eine Schule eröffnet, um Mannschaftsdienstgrade zu rekrutieren. Wer nicht bei „Hamburg Süd" angestellt wurde, wurde über international agierende Crewagenturen vermittelt. Diese Leute stellten bei uns an Bord den Großteil der Besatzung. Das Bildungsniveau war mit dem bisher erlebten nicht vergleichbar. Und so stellte sich dann auch der allgemeine technische Zustand des Schiffes da. In der Darstellung des Zustandes war an sich alles bestens. Belastbare Unterlagen über durchgeführte Reparaturen waren eher schlecht geführt. In erster Linie musste die technische Anlage in aller Komplexität immer einsatzbereit sein, egal wie. Da auch kaum wichtige Ersatzteile vorhanden waren, wurde in allen Bereichen improvisiert! Je besser die Improvisation war, desto weniger Geld wurde für Wartung oder Ersatzteile von der Reederei zugestanden. Mein Einsatz für eine gewisse technische Sicherheit wurde von der Reederei anerkannt, der Aufwand allerdings nicht. Der war vertraglich mit der Heuer abgegolten.

Wenn das Glück auf meiner Seite war und ein fachlich guter zweiter Ingenieur gemustert wurde, musste ich ihm eine eher schlechtere Beurteilung schreiben. Mit diesem „Trick" stieg die Chance, auf einem weiteren Einsatz bei mir an Bord weiterzufahren. Im Umkehrschluss hieß das aber auch, dass man einen weniger guten nur wegloben konnte.

Das Leben an Bord gestaltete sich für mich sehr schwierig. Die vertraglichen Einsatzzeiten von bis zu 6 Monaten und die Struktur der Besatzung mit teilweise nur zwei Deutschen an Bord zeigten mir Grenzen auf. Ich wurde mit Leuten konfrontiert, die wenig Kompetenz für ihr Aufgabengebiet zeigten. So wurden ohne Rücksprache mit der Technik darüber, ob der Zustand der Anlage die dafür notwendige Leistung erbringen kann, Fahrpläne entwickelt. Selbst technisch nachweisbare Erklärungen ließen kein Umdenken zu. Natürliche zwischenmenschliche Spannungen bauten sich auf und wurden aufgrund der Dauer der Einsätze zur Belastung.

Auf einer Reise nach Westafrika transportierten wir Lebensmittel-Kühlcontainer für amerikanische Bohrinselbesatzungen, die vor der Küste Nigerias Öl förderten. Bei der Ausreise unseres 500 TEU[21]-Schiffes bekamen wir eine Sturmwarnung für den Bereich Cape Hatteras! Der Kawasaki MAN Diesel vom Typ K6Z 52/90 N hat uns zuverlässig noch vor dem Höhepunkt des Sturmtiefs durch das Gefahrengebiet gebracht. Wir waren für kurze Zeit happy. Unter dem Commando der US Coast Guard mussten wir zurück in den Sturm, um die Besatzung einer havarierten Yacht zu retten. Unter sehr extremen Bedingungen konnten wir die 3 Segler orten und an Bord nehmen. Für die Übernahme der Segler durch die USCG mussten wir die Position halten. Ein Hubschrauberträger sollte Kurs aufnehmen. Im Laufe der Nacht flaute der Wind ab und gegen Mittag wurden die Segler von 2 Hubschraubern der US Navy in für mich noch nie gesehenen -auch in Filmen nicht- Flugmanövern von unserem Oberdeck geborgen. Mit dem Dank der USCG konnten wir unsere Reise fortsetzen. Diese Aktion hat bei allen Beteiligten nachhaltig zu mehr menschlicher Akzeptanz geführt.

Bei der Rückkehr in den ersten amerikanischen Hafen wurden für diese Rettungsaktion Schiff und Besatzung durch die USCG per dominanter Urkunde ausgezeichnet. Diese Urkunde wurde richtig platziert und bewirkte in den Häfen eine respektvolle und deutlich schnellere Einklarierung durch die Hafenbehörden.

Mein Engagement für diesen Beruf wurde zunehmend auf Verschleiß gefahren. Die Vereinsamung auf See mit den steigenden mentalen Belastungen führten dann zu den ersten Überlegungen einer beruflichen Veränderung. Bei der Seefahrt wurden früh Standards zum Schutz der Weltmeere eingeführt. Mit der verpflichteten Führung des Öltagebuchs sollte die illegale Entsorgung von Ölrückständen eingeschränkt werden. Die Überwachung des Bilgenwasserentölers und die Abgabe von Alt- und Schwerölrückständen sollten garantiert sein. Müllverbrennungsanlagen und Fäkalienaufbereitungsanlagen gehörten seit Mitte der 80er Jahre zur Standardausrüstung von Schiffen. Ersatzteile für die genannten Anlagen kosteten Geld und hatten mit dem eigentlichen Transportauftrag des Schiffes nicht zwingend zu tun. Von Seiten der Reeder wurde hier oft Einsparpotential entdeckt. Der Hafen von Puerto Rico war Anfang der

90er Jahre mit Plastikmüll „verunreinigt." Als Schiff mit ausländischer Flagge musste ich die Entsorgung von Plastikmüll, speziell von gekauften Jogurtbechern nachweisen! Die Strafen bei Verstößen waren erheblich. So wurde der Umweltschutz dort finanziert bzw. machte sichtbar einige Leute reicher. Bei nicht zu umgehenden Verstößen wurde mein schlechtes Gewissen eingesammelt – ein einziges Schiff rettet diese Welt nicht. Die Parallelen zur heutigen Müllbelastung auf allen Gebieten sind unübersehbar.

Eine Neuorientierung auf dem Arbeitsmarkt war nicht so einfach. Der Arbeitsmarkt im Raum Rostock war eher gesättigt und das Lohnniveau zwischen Ost und West, bei gleicher Arbeit, war für mich nicht akzeptabel. Durch diese Umstände erfüllte ich zunächst weiter meinen Vertrag bei der Reederei.

Wenn sich der Zufall ins Leben einschleicht, kann er auch Positives bewirken.

Ich hatte mich zwischenzeitlich bei der MAN B&W in Augsburg beworben. Die positive Antwort erhielt ich, als ich noch mit einem Schiff in der Karibik war. Dieses Schiff sollte zur Klasseerneuerung durch Lloyds Register nach Houston. Eine Klasseerneuerung entspricht etwa dem TÜV für Autos. Meine Forderungen nach Ersatzteilen und die Vergabe von Werkstattaufträgen, um die Klasseerneuerung zu bestehen, wurden von der Reederei nicht erfüllt. Meine Weigerung mit dem momentanen technischen Zustand der Anlage eine Klasseerneuerung durchzuführen führte zur Auflösung meines Anstellungsvertrages.

Am 01.10.1994 begann meine Tätigkeit bei der MAN B&W[19] als Probestandsingenieur. Das erste Mal in meinem Arbeitsleben ohne Schiff und weit weg von der Küste. Das Umfeld bei der MAN machte es mir aber sehr leicht. Es war kein Zufall, dass ich am Probestand mir bekannte Ingenieure und Monteure der DSR wiedertraf. Am Probestand war weiterhin Fachpersonal der Motorenwerke Halberstadt und SKL Magdeburg beschäftigt. Es entstand so etwas wie ein Heimatgefühl.

Die Nachfrage nach MAN-Motoren, vor allem für Schiffsantriebe, entwickelte sich positiv. Für die Auftragsbewältigung wurde der Mangel an gut ausgebildeten Fachkräften im Werk Augsburg durch die Einstellung von Facharbeitern und Ingenieuren aus der ehemaligen DDR kompensiert. Mit den gemachten guten Erfahrungen warb MAN immer wieder in Zeitungen in Mecklenburg-Vorpommern. Eine von mir selbst gewünschte Probezeit von 6 Monaten wurde dann in einen Arbeitsvertrag umgewandelt. Zuvor hatte ich noch Bedenken, ob die neue Hierarchie im Werk, und die Mentalität der Bayern zu mir und meiner Familie passt. Meine Frau hatte nach einem Ausflug ins Allgäu bei blauem Himmel und Sonnenschein kaum noch Einwände gegen einen Umzug nach Bayern. So ein Umzug geht nicht ohne Probleme, wie z. B. Schulwechsel von Mecklenburg -Vorpommern nach Bayern mit Lehrplänen, die stark voneinander abwichen.

Wir hatten es aber trotzdem gut getroffen und kamen als „Fischköpfe" gut in Bayern zurecht. Die Arbeit am Probestand war sehr vielfältig und machte Spaß. Die Arbeit nach festen Abläufen mit Vorgesetzten eher nicht. Wir hatten in der Familie diesen gewaltigen Schritt nach Bayern gemacht und so musste ich auch lernen, bestimmte Strukturen zu respektieren. Die Umgebung von Augsburg und die Nähe zu Österreich und Italien sind traumhaft. Wir fühlten uns wohl und wollten, so dachten wir, alles Neue erkunden.

Nach einem halben Jahr auf dem Probestand wurde ich zu einer Inbetriebnahme eines Motors auf eine Stena-Fähre bei Blohm & Voß Hamburg geschickt. Das war der Beginn meiner weltweiten Tätigkeit zur Unterstützung und beim Bau von Antriebsanlagen für Schiffe. Die erste Inbetriebnahme hatte allerdings alle Schattenseiten, die man im Vorfeld nicht ahnen kann. Die Zusammenarbeit von Werft und Reederei funktionierte nicht. Mein Aufgabengebiet umfasste zusätzlich die gesamte Elektrotechnik, die ich mir erst erarbeiten musste. Es wurde also mehr als spannend. Dieser Einsatz war erfolgreich. Nicht zuletzt mit einem sehr guten MAN-Monteur an meiner Seite und der Hilfe meines Sohnes, der mir das Lesen von Stromlaufplänen erleichterte.

Es folgten nun Einsätze bei Schiffsneubauten und Power-Stationen in vielen Ländern der Welt.

Die deutsche Werftenindustrie brachte hervorragende Schiffe auf den Weltmarkt, die aber letztlich zu teuer waren. Der kapitalistische Wettbewerb sorgte für einen schweren Stand der deutschen Werften, von dem sie sich nicht mehr erholen sollten.

Ab Mitte der 90er Jahre profitierte MAN im Absatz von 4-Takt-Motoren für den Schiffsantrieb von dem Schiffbauboom in China.

Meine erste Reise führte mich über Hongkong und Shanghai in die kleine chinesische Stadt, Wuhu, mit 6 Millionen Einwohnern. Die Lesart der Chinesen unterscheidet sich doch sehr von der deutschen. Die Chinesen konnten in technischer Hinsicht manchmal überfordert sein, sie lernen aber sehr schnell. Als Dienstreisender bekommt man nicht alle Dinge in ihrer Komplexität mit. Wenn aber Schiffe in China für deutsche Reedereien gebaut werden und Arbeitsplätze in der deutschen maritimen Wirtschaft abgebaut werden, macht man sich so seine Gedanken. Solche Dinge laufen nicht ohne deutsche Steuergelder. Man konnte auch schon mal zwischen die verschiedenen Interessensgegensätze geraten. Als ein Reeder die Möglichkeit sah, deutlich weniger zu bezahlen, wenn die Fertigstellung sich verzögert, wurde ich abgelöst. Auf meiner 5-tägigen Reise über den Fluss Yangtze habe ich über 20 deutsche Schornsteinmarken zählen können. Teilweise wurden Schiffe im „Reisfeld" gebaut. Ich konnte diese Welt nicht mehr verstehen. Die Motore von MAN wurden weiterhin verkauft und so ging es mir und der MAN gut. Die Chinesen kopierten nicht nur europäisches Know-How, sondern sie entwickelten es auch. Städte wie Hongkong oder Shanghai stellten mein bisher schon Erlebtes in den Schatten. Im Laufe meiner Einsatzjahre in China konnte ich den enormen Bauboom und die Stadtentwicklung beobachten. Da kam Old Germany nicht mehr mit.

Die wirtschaftliche Ansiedlung namhafter europäischer Firmen auf dem Weg von Shanghai Airport in die Stadt ist imposant. Hier fährt seit 2003 auch der deutsche Transrapid zum Messezentrum.

Die MAN war auch im Lizenzgeschäft erfolgreich. Ich war Teil eines Teams bei einem Lizenznehmer in den USA. Es war ein kooperatives und freundliches Arbeitsverhältnis, das aber die Missstände in der Arbeitsorganisation nicht überdecken konnte. Die „Hire and Fire"-Mentalität und das Festhalten an den unsinnigsten Entscheidungen kostete Nerven. Völlig unverständlich für mich glaubten sie an sich und ihre „Erfolge." Ich konnte Land und Leute kennenlernen, sowie den Gegensatz von Fassade und Hinterhof. Diese angeblich größte Volkswirtschaft und Demokratie der Welt hinterließen bei mir einen bitteren Beigeschmack. Allein der Umweltschutz findet in diesem Gebiet kaum statt.

Ein weiteres Projekt führte mich im Anschluss nach Yokohama in Japan. Bei diesem Lizenznehmer arbeitete ich in beratender Funktion mit fachlich kompetenten Ingenieuren zusammen. Alle Arbeitsabläufe unterlagen einem strikten Zeitplan. Unvorhersehbare Dinge wurden, wenn möglich, einfach negiert und später ausgewertet. Die so entstehenden notwendigen Wiederholungen von Abläufen führten zu ewigen Diskussionen. Da Japaner aufgrund ihres über Generationen überlieferten Stolzes nicht verantwortlich sein konnten, musste ich die Begründungen liefern. Dieses zermürbende Spiel zwischen Beratung, Begründung und Zeitplan führte letztlich bei der anschießenden Probefahrt zu einer sehr kontroversen Auseinandersetzung bei der technischen Einschätzung. Der verantwortliche japanische Ingenieur verlor die Fassung. Mit diesem Gesichtsverlust war er als Autorität erledigt. Eine Entschuldigung auf diesem Niveau ist für einen Japaner unmöglich. Er war ein exzellenter Ingenieur, der auch in einem persönlichen Gespräch ein gebrochener Mann blieb. Außerhalb meiner fachlichen Arbeit konnte ich in Yokohama, Kobe und Shimonoseki Eindrücke dieses tollen Landes aufsaugen. Der soziale Zusammenhalt und der Respekt vor jeder Tätigkeit war augenscheinlich und beispielhaft. Man braucht natürlich viel mehr Informationen, um in das Innere einer solchen Mentalität vorzudringen.

Dank meiner Erfahrungen aus Japan und den USA war ich trotz einiger Missstände doch froh, in Deutschland arbeiten und leben zu können.

Der internationalen Entwicklung zum Aufbau von nationalen Service-Hubs folgte auch die MAN. Mit der stetigen Qualifizierung und Weiterentwicklung von lokalen Servicetechnikern in den verschiedenen Ländern sollten Personal- und Reisekosten gespart werden.

Weitere Aufträge führten mich auch zu unterschiedlichsten Werften in Istanbul. Die technischen Ausrüstungen und das Know-How von nebeneinander liegenden Werften lagen extrem weit auseinander. Von mafiaähnlichen Strukturen bis hin zu einem hohen europäischen Niveau, war alles vertreten. So traf ich auch auf die unterschiedlichsten Charaktere. Einige dieser Menschen waren weltoffen, die meisten aber überwiegend muslimisch verwurzelt.

Was dieser Umstand bedeutete, durfte ich bei einer Reise zu einer Powerstation in Batman im Südosten der Türkei, nahe der syrischen Grenze erleben.

Die Unterdrückung der Frauen war deutlich. Es waren kaum Frauen- selbst mit Burka oder Niqab- zu sehen.

Istanbul ist eine tolle, facettenreiche Stadt, steht aber nicht als Sinnbild für die Türkei.

Sehr viele junge Menschen sympathisieren offen mit der westlichen Lebensart. Diese Spannungen sind gerade für ältere Muslime nicht hinnehmbar.

Meine persönlich nachhaltigsten Erfahrungen in Deutschland konnte ich über viele Jahre beim Bau von 14 Passagierschiffen (Luxuslinern) mit MAN-Motoren auf der Meyer Werft in Papenburg sammeln. Die ständige Erweiterung und Modernisierung der Werft mit massiven Investitionen, auch des Landes Niedersachsen, war teilweise gigantisch. Hier wurden bis zu meinem Ausscheiden Schiffe mit einer Länge von bis zu 340 Metern in einer Halle mit Dock gebaut. Die Herausforderungen an uns Inbetriebsetzungsingenieure waren immer wieder anspruchsvoll.

Bei der nachgeschalteten Technik für unsere Motore wurde oft Neuland beschritten. Eine Zusammenarbeit mit anderen Gewerken auf Zuruf gestaltete sich immer schwieriger. Auch auf dieser Werft wurden Personalkosten durch Ausgliederung von Werftangestellten in Leiharbeitsfirmen eingespart. Die Vorteile der Werft wurden durch „Outsourcing" in Personalangelegenheiten geschmälert.

Trotz aller Turbulenzen ist die Meyer Werft bis heute ein Aushängeschild der Deutschen Werftindustrie.

Nach meinem Ausscheiden aus dem Berufsleben mit einem erneuten Wechsel unseres Lebensmittelpunktes in die Nähe unserer Kinder haben wir uns auf ein ruhiges Rentnerleben gefreut.

Wir haben uns dann aber mit der Bauwirtschaft eingelassen. Ein Fachanwalt für Baurecht sagte wohl zu Recht: Bau-Mafia!

Ich erlebte mein persönliches Deja-Vu in einer Ballung aller meiner negativen Berufserfahrungen.

Mein Gegenüber von der Bauwirtschaft hatte das Auftreten eines erfolgreichen Managers, gepaart mit fachlicher Inkompetenz. Es wurden Firmen gebunden und beschäftigt ohne wirkliches Fachpersonal.

Die rechtlichen Möglichkeiten eines Bauherrn in Deutschland sind doch sehr bescheiden. Man braucht einen langen Atem und viel Geld. Das Schönreden von totalem Bauschrott ist schon eine Kunst. Mir sind die verschiedensten Typen begegnet, die man nicht erwähnen muss. Warum musste ausgerechnet mir beim Bau meines Hauses so ein Typ über den Weg laufen?

Der Kapitalismus hat mir zum Schluss doch noch den berühmten Daumen gezeigt, im Sinne von „Pech gehabt."

Von einer Frau, die aus der DDR nach Jordanien auswanderte.

Andrea

Geb. 1957 in Sachsen, aufgewachsen in Wismar,
jetzt wohnhaft in Hamburg

„Einmal hin und zurück"

Prolog

Herbst 1976, Studentenwohnheim Erich-Schlesinger-Str. in Rostock, eins der noch heute stehenden Hochhäuser. Meine Kommilitoninnen und ich unterbrechen das stupide Büffeln und suchen in der obersten Etage Abwechslung in der „Kiste", einer Studentendisco. Es ist brechend voll und wir warten draußen auf Einlass. Genau wie der verrückte Kerl mit schwarzen Wuschelhaaren in seiner weinroten Hose und dem weinroten Pullover... Hää?! Geht doch gaaar nicht. Im Hosenbund klemmt ein Heftchen, Anatomie oder so... Wir alle unterhalten uns prächtig. Witzig ist der Weinrote. Wir lachen viel. Dann geht's rein und er ist vergessen.

Doch nicht so ganz. Eine Woche später kommt er zu meinem Geburtstag auf die Studentenbude, die ich mir mit zwei anderen Mädels teile, und die jetzt brechend voll ist. Er hat Dias dabei und unterhält die muntere Gesellschaft mit den Aufnahmen einer jordanischen Hochzeit, die er im Sommer in seiner Familie erlebt hat. Spannend. Ungewöhnlich. Und wieder lustig und unterhaltsam. So begann es.

5 Jahre später haben wir unsere erste Tochter, leben und arbeiten im Bezirk Neubrandenburg. Wir wollen heiraten, wohl-

wissend, dass ich dann mit nach Jordanien gehen muss, denn ausländische Studenten dürfen nach Abschluss ihres Studiums nicht in der DDR bleiben. Wir stellten einen Heiratsantrag. Wenn man schon ein Kind hat, unterstreicht das die Ernsthaftigkeit und die Chancen stehen besser. Oh je, im Standesamt hätten sie keine Ahnung, was zu tun sei, wenn eine DDR – Bürgerin einen Ausländer heiraten will. Aber die Beamtin machte sich wohlwollend Notizen auf einem Zeitungsrand. Nach 2 Jahren immer noch nichts. Aber immerhin weiß man nun, was zu tun ist, und ich kann den Antrag erneut formell stellen. Inzwischen haben wir noch eine Tochter und einen Sohn. Die ganze Kleinstadt hat Anteil an seiner Geburt genommen. Die Gespräche über Landwirtschaft wurden unterbrochen, um von Herzen zu gratulieren. Auf dem Land weiß man einen Stammhalter zu schätzen.

Eines Tages ein Anruf vom Standesamt: Sie können morgen heiraten! Ups! Moment mal, nicht so schnell. Ich habe ja noch nicht mal ein Kleid. Dürfen wir bitte noch eine Woche warten? Durften wir.

Das war im Juni. Im darauffolgenden Februar haben wir das Land verlassen. Vorher galt es, einen Laufzettel abzuarbeiten und somit alle Brücken hinter sich abzubrechen: Wohnung und Konten wurden aufgelöst und was sonst noch alles abgemeldet werden musste. Wir verfrachteten unseren Hausrat in einen Container zur Verschiffung nach Aqaba und zogen für eine Woche ins Hotel, bevor wir nach Jordanien fliegen konnten.

Jordanien

Wir wohnen in Zarqa, 25 km von der Hauptstadt Amman entfernt. Im Elternhaus meines Mannes. Für uns wurde eine Etage oben raufgebaut. Sehr geräumig, ca. 150 qm.

Es dauert fast ein Jahr, bis mein Mann einen Arbeitsplatz hat. Ich unterrichte am Goethe-Institut. Die Kinder gehen in den Kindergarten, die Älteste wird eingeschult, ohne auch nur annähernd Arabisch sprechen zu können. Ich selbst lerne es dilettantisch, aber eifrig mit einer Schwägerin. Später besuche ich drei Monate einen Kurs und kann nun auch lesen und schreiben wie ein arabischer Erstklässler. Aber immerhin. In der Familie meines Mannes gibt es neben Uni- und Collegeabsolventen auch Analphabeten.

Die Familie und die gesamte Nachbarschaft haben mich freundlichst aufgenommen und sich immer tolerant und meist fair verhalten.

Trotzdem hielt die Ehe nicht. Nach 18 Jahren bin ich 2005 nach Deutschland zurückgekehrt. Die DDR gab es seit mehr als 10 Jahren nicht mehr. Meine Kinder und Enkelkinder leben heute alle außerhalb Jordaniens, besuchen das Land und ihren Vater aber regelmäßig. Ebenso ihre Freunde, Schul- und Studienkameraden und Verwandten.

Rückblick

Was in Jordanien damals schon klappte und in Deutschland heute noch nicht

Wieder in Deutschland unterrichte ich Araber. Als die Frage aufkommt, ob und wo sie denn ihre 5 vorgeschriebenen Gebete abhalten können, erinnere ich mich an Jordanien. Da gingen auch Moslems und Christen gemeinsam in eine Schule. Aber der Religionsunterricht war geteilt, in islamische bzw. christliche Religion, und so fester Bestandteil des Schullebens. Am Sonntag hatten die Christen frei, während die Moslems, und zwangsläufig alle anderen auch, am Freitag frei hatten.

Die Christen besuchten am Sonntag die Kirche, während die Muslime am Freitag in die Moschee gingen. Ein völlig friedliches Miteinander. In späteren Jahren kamen religiöse Feiertage für die Christen offiziell hinzu. In Deutschland ist das Ländersache. Islamische Feiertage sind jetzt nach 30 Jahren aber teilweise möglich. Die Frage des Gebets ist in Deutschland noch immer nicht geklärt. Vielleicht im Keller, aber selbst da steht wohl der

Brandschutz im Weg. Im Klassenraum während der Pause geht auch nicht. Da fühlen sich die anderen Schüler, die vielleicht zufällig reinkommen, weil sie was vergessen haben, gestört.

In Deutschland mangelt es noch heute an Toleranz gegenüber dem Fremden.

Der Anteil der Christen in Jordanien betrug zu meiner Zeit dort ca. 7 %, ähnlich dem heutigen Anteil von Muslimen in Deutschland. Es war in den 90er Jahren des vorigen Jahrhunderts ganz selbstverständlich, dass in den großen Hotels der Hauptstadt Amman Weihnachtsbasare stattfanden, riesige Tannenbäume geschmückt und Weihnachtslieder gesungen wurden, der Weihnachtsmann auf der Straße Süßigkeiten verteilte. Im Jahr 2024 empören sich in Deutschland viele medienwirksam, wenn in Frankfurt/Main eine Straße anlässlich des Ramadan mit muslimischen Symbolen (Halbmond) festlich geschmückt wird.

Eine schöne Geste war auch die jährliche Weihnachtsfeier der Botschaft der DDR, die DDR-Bürger in Jordanien und ihre Kinder zu einem gemütlichen Beisammensein mit Kaffee und Gebäck einlud. Die Kinder erhielten Büchergeschenke. Leider kam ich nur zweimal in den Genuss, denn nach der Wiedervereinigung gab es Einladungen dergleichen nicht mehr.

Als um die Jahrtausendwende die Frage aufkam, ob für die ungefähr 90 in Jordanien lebenden Kinder deutschsprachiger Eltern bzw. deutschsprechender Einheimischer vielleicht eine deutsche Schule eingerichtet werden soll, ähnlich wie die Franzosen es vor Jahrzehnten getan hatten, wurde das von der deutschen Kultusministerkonferenz verworfen. Es lohne sich nicht. Zu teuer. Komisch, für die Franzosen hat es sich für weniger als 60 Schüler gelohnt, ihre Bildung und Kultur fern des Landes zu verbreiten.

Als ich im Jahr 2005 nach Deutschland zurückkehrte, war die DDR Geschichte. In der BRD wurde mein Diplom der Universität Rostock nicht anerkannt. Die Frist war 1996 abgelaufen. Aber selbst bis dahin wäre es nicht anerkannt worden, da ich zu dem Zeitpunkt im Ausland lebte. Pech für mich, denn nun bekam ich keine Stelle als Lehrerin und musste mich mit Honorarstellen an privaten Sprachschulen durchschlagen. 8€ pro Stunde in der Probezeit, danach 12€. Krankenversicherung war nicht möglich. Das ging erst viel später. Bis dahin hat mich ein guter Freund in seiner Firma scheinangestellt, sodass ich mich gesundheitlich absichern konnte. Heute, als Rentnerin, muss ich für meine 18 Jahre in Jordanien leider erneut büßen. Da es kein entsprechendes Abkommen zwischen den beiden Ländern gibt, bekomme ich für diese 18 Jahre keine Rente. Die fünf Jahre, die ich nach meiner Rückkehr im Berliner Schuldienst tätig war, konnten rententechnisch auch nicht berücksichtigt werden, da Hamburg und das Saarland als einzige Bundesländer nicht nach VBL[18] zahlen. Davon, dass ich im Alter von über 50 Jahren noch ein Referendariat von zwei Jahren absolvieren musste, um im Schuldienst festangestellt zu werden, habe ich noch gar nicht gesprochen. Mit einem Einkommen von 1000€. Hätten meine Kinder mich finanziell nicht unterstützt, wäre es unmöglich gewesen. So werden deutsche Staatsbürger im eigenen Land behandelt. Was können wir da den vielen Flüchtlingen und angeblich gesuchten ausländischen Fachkräften gegenüber erwarten?

Die Flüchtlinge in Deutschland dürfen nicht arbeiten. Sie sollen erst die deutsche Sprache lernen, obwohl es nicht genug Angebote gibt, umständliche Prüfungen ablegen, Zeugnisse vorweisen usw. Meine Kinder und ich wurden in Jordanien ins kalte Wasser geworfen. Meine Tochter wurde ohne Sprachkenntnisse eingeschult und hat Defizite in Eigeninitiative mit familiärer Unterstützung aufgeholt. Ebenso wie ich. Man darf Menschen durchaus etwas zutrauen. Und im landestypischen Alltag lernt es sich besser als in jedem Kurs.

Während meiner 18 Jahre in Jordanien fand der Irakkrieg statt und es wurde die Westbank abgegeben. Wir erhielten

Gasmasken von der Deutschen Botschaft und eine Notrufkette wurde eingerichtet. Auch Jordanien hat Hilfe geleistet. Mein Mann hat mehrere Wochen im Irak sowie in Palästina verbracht, um im geschundenen Gesundheitswesen auszuhelfen und Patienten zu behandeln. Außerdem haben Tausende und Abertausende Palästinenser und Iraker in dem kleinen Nachbarland Jordanien, damals 4 Mio. Einwohner, Schutz gesucht und gefunden. Ein befreundetes Ehepaar aus dem Irak kam zunächst bei uns unter, bevor sie eine Wohnung und Arbeit fanden. Später stellten sie über die UNO einen Asylantrag und gingen in die Niederlande.

Während des Irakkrieges kam ein Kamerateam von Sat.1 nach Amman. Auf ihrer Reise nach Bagdad mussten sie in Jordanien einen Zwischenstopp einlegen, weil die Flugverbindung Amman Bagdad kriegsbedingt unterbrochen war und sie nur mit Auto bzw. Bus weiterfahren konnten. Also besuchten sie uns während unserer Mittagspause im Goethe-Institut und waren völlig erstaunt, dass in Jordanien, nur wenige Autostunden vom Irak entfernt, alles so friedlich war und man nicht glauben würde, es gäbe Krieg im Nachbarland. Ich bat sie sofort inständig: „Bringen Sie das doch bitte in den Nachrichten, damit unsere Familien in Deutschland beruhigt sind. Die machen sich nämlich große Sorgen!" „Oh, nein, das dürfen wir auf gar keinen Fall senden, höchstens in der Nachtausgabe", war die ernüchternde Antwort. So viel zur Pressefreiheit, dem hohen Gut.

Ein Hauch von Prominenz

Das Goethe-Institut in Amman steht auf einem Grundstück, das zumindest in meiner Zeit in Jordanien Raymonda Tawil gehörte, der Schwiegermutter von Yaser Arafat. Ich hatte die Freude, sie kennenlernen zu dürfen, als sie mal wieder persönlich im Institut erschien, um die Miete zu kassieren. Kurz vorher hatte ich gerade ihr Buch „Mein Gefängnis hat viele Mauern" gelesen.

Neben dem Goethe-Institut zog eine Tochter des damaligen Kronprinzen Hassan, Bruder des verstorbenen Königs Hussein, ein. Um eine Lärmbelästigung zu verhindern, galt fortan in der kleinen Straße ein Tempolimit von 30 km/h. Von anderen Sicherheitsvorkehrungen rund um das Haus ganz zu schweigen.

Wir hatten häufig Begegnungen mit Vertretern der Königsfamilie, weil sie z. B. Veranstaltungen des Goethe-Instituts gesponsort haben und besuchten. Ausstellungen, Konzerte und dergleichen. So erinnere ich mich an ein Kammerkonzert, das die heutige Königin Rania besuchte. Damals war sie weit entfernt davon, jemals Königin zu sein, erschien mir aber in ihrem gesamten Auftreten sehr würdevoll und sympathisch.

Ihren Mann, den heutigen König Abdullah II., lernten wir auf einem Empfang im Radisson SAS kennen. Dabei war auch seine Mutter „Muna", zweite Exfrau von König Hussein, und britische Staatsbürgerin. Ebenso waren einige damalige Minister vertreten. Ich habe sogar Minister in meinen Deutschkursen unterrichtet. Toll, wie sie neben ganz einfachen Leuten saßen und Deutsch lernten. Keine Berührungsängste. Für Offiziere, die einem mehrmonatigen Besuch bei der Bundeswehr entgegensahen, wurde ein extra Deutschkurs eingerichtet, den ich einen Monat lang betreuen durfte. Ein schöner Anlass, zu erwähnen, dass ich als Frau auch vor reinen Männerklassen immer mit Respekt behandelt wurde. Ich höre oft, dass muslimische Jungs und Männer keinen Respekt vor (deutschen) Frauen haben. Ich kann das in keiner Weise bestätigen, weder während meiner Zeit in Jordanien noch später in Deutschland. Aber vielleicht gilt hier auch ein wenig das Sprichwort: Wie es in den Wald hineinruft, so schallt es heraus. Gegenseitiger Respekt wäre wünschenswert. Etwas weniger deutsche Arroganz! Etwas mehr Toleranz! Einfühlungsvermögen!

In Erinnerung blieben auch Konzerte von den Gypsy Kings im Römischen Amphitheater in Amman, von Bryan Adams oder auch Sting, neben vielen anderen kulturellen Erlebnissen.

Als ich einem Freund in Deutschland mitteilte, dass ich mit dem Gedanken spiele, Jordanien zu verlassen und zurückzukehren, meinte er, ich solle mir das gut überlegen, denn mit Promistatus bzw. -Begegnungen wäre es dann vorbei. Das war mir nun wirklich komplett egal, aber witzigerweise sollte er Unrecht haben. Aufgrund meiner Arabischkenntnisse fand ich Zugang zu arabischen Botschaften in Berlin. So gab ich dem Sohn des jemenitischen Botschafters Deutschunterricht in seiner Residenz. Ebenso der Frau des ägyptischen Botschafters, zunächst in der ägyptischen Botschaft, dann auch in der ägyptischen Residenz. Ich erhielt Einladungen zu Empfängen, zu denen ich auch meine Schwester mitbringen durfte. Ich hatte die Freude, auf einem dieser Empfänge auch den jordanischen Botschafter in Deutschland kennenzulernen. Nach fünf Jahren in Deutschland war ich noch immer so stark in der arabischen Welt verwurzelt, dass ich fand, es wird Zeit, mehr die deutsche Schiene zu fahren – ich ging in den Berliner Schuldienst. Ab da fühlte ich mich weniger wert. Überall wurden mir Knüppel in den Weg geworfen. Zeugnisse nicht anerkannt, keine feste Anstellung, nur Vertretungsunterricht und in den Ferien immer arbeitslos, Referendariat nachholen, schlecht bezahlt. Aber das erwähnte ich ja schon an anderer Stelle. Als Angestellte im Schuldienst erledigte ich zwar die genau gleichen Aufgaben wie die Verbeamteten, aber zu deutlich weniger Gehalt und jetzt Rente. Warum? Wo ist noch der Sinn dahinter? Und der glorreiche Föderalismus! Als ich von Berlin nach Hamburg zog, bedeutete das eine Gehaltskürzung um fast 50 %. Für die absolut gleiche Arbeit. Warum?

Von einem, der die DDR verlassen hat

Michael

Ich, Nachkriegsjahrgang 1951, geboren in einer typisch deutschen Kleinstadt in Sachsen-Anhalt, ein waschechter Ossi.

Meine Eltern hatte es, wie so viele, durch die Kriegswirren dorthin verschlagen. Bis zur nächsten Großstadt Leipzig sind es aber gerade einmal 20 km. Vater und Mutter waren beide berufstätig. Sie als Halbtagssekretärin der evangelischen Kirchengemeinde, er in leitender Position in einem Leipziger Druckmaschinenwerk. Zu meiner älteren Schwester, hatte ich immer ein sehr gutes Verhältnis. Meine Kindheit war ausgesprochen unpolitisch und unbeschwert. Weder meine Eltern noch meine Schwester oder ich waren jemals in einer Partei oder überhaupt politisch engagiert.

Im Sommer war Fußball angesagt und im Winter wurde auf den zugefrorenen Teichen im Ort Eishockey gespielt, teilweise mit abenteuerlichen Ausrüstungen.

Es gab ja zu dieser Zeit weder Schlittschuhe oder Eishockeyschläger noch Fußballschuhe zu kaufen.

Hohe geschlossene Winterschuhe, so man welche besaß, wurden im Sommer als Fußballschuhe genutzt und im Winter mit Kufen versehen.

Beim Fußball war ich der Torwart. Meine Mutter hatte mir auf den Rücken einer alten Trainingsjacke eine „1" genäht. Da war ich mächtig stolz und diese Jacke hat viele Jahre mit mir im Fußballtor überstanden. Lew Jaschin war das große Vorbild.

Irgendwo im Keller hatte ich ein paar sogenannte Klammerschlittschuhe gefunden.

Ich erspare mir hier eine detaillierte Beschreibung, nur soviel:

Diese werden an die o. g. Winterschuhe angeschraubt und für einen besseren Halt noch mit Riemen fixiert. Damit konnte man natürlich keine großen Geschwindigkeiten erreichen und die ganze Angelegenheit war äußerst wacklig. Es war der Spaß an der Bewegung und die Freude am Spiel. Wir waren voller Ehrgeiz, keiner wollte verlieren.

Natürlich waren die damaligen ganz Großen (Ziesche, Plotka, Buder oder aus der Sowjetunion Ragulin, Firsow, Loktew) unsere Vorbilder.

Als Schläger kamen alte Spazierstöcke, mit der gebogenen Seite nach unten, zum Einsatz.

Es gab 3 Teiche im Ort, die im Winter zugefroren waren. Jeder Teich hatte seine eigene Mannschaft.

Und wenn man mal ins Eis eingebrochen und schockgefroren war, ist man schnell nach Hause, hat die Sachen gewechselt, zurück und es wurde weiter gespielt. Wir waren zu jeder Jahreszeit draußen in der Natur und unsere Mütter waren am Verzweifeln, weil wir praktisch immer dreckig waren und sie mit dem Waschen nicht hinterherkamen. Waschmaschinen kannten wir nicht. Es wurde im Haus, einmal in der Woche, in der Waschküche im Keller mit Hand gewaschen. Die Wäsche wurde in einem großen Wasser-Bottich auf einem Holzfeuer gekocht. Wer damals ein Fahrrad hatte, und das hatten nur einige wenige, den hatte jeder beneidet. Ich hatte mein erstes Fahrrad mit 14 Jahren bekommen. Es war ein Diamant-Sportrad. Damit wurde auch im Winter bei meterhohem Schnee gefahren. Im Sommer ging es zum Baden. Auf der anderen Straßenseite von unserem Haus war ein Freibad, ein Sommerbad. Das hatte jedes Jahr vom 15. Mai bis zum 15. September geöffnet.

Ich bin mir sicher, ich war jeden Tag nach der Schule, bei jedem Wetter, dort. Eine Dauerkarte für die komplette Saison konnte man als Schüler für ein paar Mark kaufen.

Es gab dort einen Kiosk mit leckeren Fischbrötchen für 50 Pfennig. Wir haben unser ganzes Taschengeld dort gelassen. Die Zeit verging wie im Fluge und plötzlich war man in der

10. Klasse. Wie geht es jetzt weiter, was kann, was will ich nach der Schule machen?

In diesem Alter ist man sicherlich noch nicht in der Lage eine Entscheidung, die praktisch das ganze weitere Leben prägt, alleine zu fällen. Dazu benötigt man Hilfe.

Ich hatte schon als Kind und in der Schule großes Interesse für technische Zusammenhänge und Umsetzungen. Ich gehörte in allen Fächern immer zu den Besten.

Also beschloss ich, in Abstimmung mit meinem Vater eine Berufsausbildung mit Abitur zu beginnen. Das war damals neu, als Alternative zur Oberschule mit Abitur (Gymnasium).

Die Ausbildung zum Mess- und Regelungstechniker mit Hochschulreife dauerte drei Jahre. Ich lernte in einem großen Chemiebetrieb, keine 20 km von meinem Wohnort.

Das war eine gute Idee, ich hatte einen Abschluss als Facharbeiter und das Abitur.

Dann kam als nächste Herausforderung die Studienwahl. Die Industrie benötigte immer und ganz dringend Ingenieure, darum bewarb ich mich für ein Studium der Technischen Kybernetik an der damals neu gegründeten Ingenieurhochschule Leipzig.

Technische Kybernetik hört sich erstmal recht ungewöhnlich an, ist aber nichts anderes als Automatisierungs-, Mess- und Regelungstechnik.

Bestandteil des Studiums war gleichzeitig eine militärische Grundausbildung, sodass einem der 18-monatige Wehrdienst erspart geblieben ist. In den Semesterferien, fuhr ich mit einem Freund nach Waren an der Müritz zum Camping. Dort trafen wir eine Gruppe Gleichgesinnter aus Rostock, die mein weiteres Leben entscheidend beeinflussen und prägen sollten.

Wir wurden Freunde.

In den folgenden Studienjahren fuhr ich daher, immer wenn es die Zeit erlaubte, nach Rostock, oder meine neuen Freunde kamen zu mir nach Leipzig.

Meine Eltern hatten mich während des Studiums finanziell unterstützt. Um mir aber dieses Leben und diese Abenteuer zwischen Studium und den vielen Abstechern nach Rostock und

Warnemünde finanzieren zu können, hatte ich daher, nicht nur in den Semesterferien, viel nebenbei gejobbt.

Ein Freund aus Rostock hatte einen alten EMW-Kombi Der fuhr ohne Murren mit Katalyt-Benzin. Damaliger Preis? Ich glaube für 20 Liter 6 Mark, also unschlagbar billig.

Wir waren erlebnishungrig, immer auf Achse und haben Leipzig und Umgebung, Rostock und Warnemünde unsicher gemacht, mit Abstechern nach Berlin und Polen.

Bei jeder Reise ging irgendetwas an der alten Mühle zu Bruch. Wir waren ständig am Reparieren, Improvisieren und auf der Suche nach Ersatzteilen.

Das hat uns aber die Freude und den Spaß nicht genommen. Wir hatten ein Auto, waren beweglich, voller Tatendrang und immer auf Entdeckungstour.

Kurzum, es war eine wundervolle Zeit, vollgepackt mit Geschichten und Erlebnissen, die für ein ganzes Buch reichen würden.

Dann musterte mein bester Freund aus dieser Clique im Fischkombinat Rostock bei der Hochseefischerei an und fuhr als Elektriker auf einem Verarbeitungsschiff.

Kaum auf Landurlaub, kam er zu Besuch nach Leipzig. Ich war immer noch fleißig am Studieren.

Er kam nach Leipzig, die Taschen voller Geld. Soviel konnten wir gar nicht ausgeben, in den paar Tagen seiner Zeit an Land.

Wir haben natürlich den großen Max raushängen lassen, West-Zigaretten geraucht, nur die teuersten Drinks bestellt und mächtig auf die Pauke gehauen.

Natürlich wollten wir die Mädels beeindrucken.

Klar, im Nachhinein hinterfragt man das. Aber wir waren jung, positiv verrückt und wollten etwas erleben.

An Honecker und seinen neuen Sozialismus haben wir wenig gedacht. Wir wollten ganz einfach unser Leben leben und genießen, so wie es die politischen Verhältnisse zuließen.

Gedanken über aktuelle Themen haben wir uns oft gemacht und auch sehr viel gemeinsam darüber diskutiert. Wir hatten uns damit abgefunden, dass es zwei souveräne deutsche Staaten gab.

Das hieß für jeden von uns, zu versuchen, das Beste unter diesen Umständen und Verhältnissen zu machen. Wir mussten unseren Weg finden und gehen, unseren Platz im Leben und der Gesellschaft behaupten. Wir haben alle etwas im Leben erreicht.

Dann hatte mein Freund geheiratet und eine Familie gegründet. Wir haben uns langsam aus den Augen verloren.

Nach Studienabschluss hatte ich einen Job als Inbetriebsetzer in einem Gerätewerk in Teltow nahe Berlin gefunden. Inbetriebnahme von Mess- und Regelungstechnik in industriellen Großanlagen und Kraftwerken.

Ich war auf vielen Großbaustellen in der ganzen DDR ständig unterwegs. Während meinen vielen Rostock- und Warnemünde Besuchen hatte mich das Fernweh gepackt und nie wieder losgelassen. Unsere Besuche und Nächte in internationalen Hotels und Bars, die ankommenden und abfahrenden Schiffe an der Mole von Warnemünde.

Es wuchs in mir der Wunsch und das Bedürfnis nach Sehen und Erleben fremder Länder, Sprachen und Kulturen.

Man konnte ja nicht einfach sagen so, jetzt fahr ich zur See oder mal kurz nach „Spanien" oder „Italien." Ohne Reisepass keine Chance. Reisepässe kannten wir nicht.

Blieb nur die alternative Seefahrt, aber wie könnte ich das anstellen?

Man musste ja einen Marathon an Überprüfungen über sich ergehen lassen, wusste zu keinem Zeitpunkt, wie das ausgeht und bei einer Ablehnung war keinerlei Begründung fällig.

Nach ca. einem Jahr als Inbetriebnahmeingenieur auf verschiedenen DDR-Baustellen kam mir ein Zufall zur Hilfe. Ich sah ein Zeitungsinserat in der überregionalen Tageszeitung „Neues Deutschland": Funkoffiziere für die Handelsschifffahrt gesucht.

Voraussetzung: Abgeschlossenes technisches Studium.

Seit der Einführung der drahtlosen Morsetelegrafie in der Schifffahrt um 1900 muss jedes Schiff aus Sicherheitsgründen über einen der Telegrafie mächtigen Funker verfügen.

Es war also ein Funkoffizier auf jedem Handelsschiff Pflicht. Ich bewarb mich sofort und war überrascht, dass ich nach wenigen Wochen eine Zusage erhielt. In der Regel betrug eine Überprüfung des persönlichen Umfeldes und der persönlichen Verhältnisse durch das Ministerium für Staatssicherheit in solchen Fällen mindestens 6 Monate.

Bei der Deutfracht/Seereederei Rostock war durch Fluktuation und auch durch Republikflucht in bestimmten Berufsgruppen zu manchen Zeiten Personalmangel.

Nach Kündigung meiner Tätigkeit als Inbetriebnahmeingenieur begann ich ein einjähriges Zusatzstudium an der Ingenieurhochschule für Seefahrt Rostock- Warnemünde/Wustrow.

Bestandteile des Studiums waren Nautik, Wetterkunde, Englisch und das Erlernen der Morsetelegrafie.

Die Morsetelegrafie beruht auf dem Morsealphabet. Dort hat jedes Zeichen, jeder Buchstabe, jede Ziffer einen internationalen Code. Zur telegraphischen Übermittlung dieser Ziffern, Buchstaben und Zeichen wird ein akustisches oder visuelles Signal ein- und ausgeschaltet.

Eine nicht nur für mich neue und faszinierende Kommunikationsebene. Eine Verständigung ohne gesprochene Worte. Die Abschlussprüfung zur Erlangung des Seefunkzeugnisses und der Aushändigung des Seefahrtsbuches verlangte das Empfangen von 135 Morsezeichen pro Minute im Zehn-Finger-Blindschreiben auf der Schreibmaschine.

Das ist recht sportlich, dafür mussten wir ein Jahr lang täglich mindestens fünf Stunden trainieren.

Ich wohnte zu dieser Zeit immer noch in Leipzig und hatte eine feste Freundin. Wir hatten geheiratet und der Lebensmittelpunkt war Leipzig.

Sie war überhaupt nicht begeistert, dass ich nun zur See fuhr. Sie hatte sich aber damit mehr oder weniger abgefunden.

Es war Ehefrauen gestattet – in gewissen Abständen – eine Reise, egal wohin, mitzumachen. Meine erste Reise als Assistent-Funkoffizier war auch gleich ein erstes Abenteuer.

Es ging mit der Bahn von Rostock nach Hamburg. Während der Bahnfahrt hatte ich natürlich einen Fensterplatz. Bei der

Grenzüberquerung in Herrnburg war ich dann doch etwas verwundert. Für mich ein vollkommen neues, anderes Bild. Schmucke, saubere, gepflegte Häuser, grüne Gärten, glänzende Autos. Ich ertappte mich tatsächlich bei dem Gedanken, dass sogar das Gras hier grüner ist.

Unsere Augen waren Verfall, tristes Grau, rauchende Schornsteine und knatternde Trabant gewöhnt.

Mit mir im Zug waren noch zwei Matrosen, für die es ebenfalls die erste Reise sein sollte.

An der Endstation Hauptbahnhof wartete ein Vertreter der Schiffsmaklerei auf uns.

Der Zug war gut besetzt, weil viele Leute in Lübeck zugestiegen waren. Der Bahnsteig war daher voll von aussteigenden Reisenden.

Zielsicher kam der Herr auf uns zu und fischte uns aus der Menge. Wahrscheinlich hat man uns angesehen, dass wir aus einer anderen Welt kamen.

Das Schiff, ein Schüttgutfrachter, fuhr von Hamburg nach Marokko und wieder zurück.

Die Verpflegung auf dem Schiff hat mich sowohl an Qualität als auch Quantität umgehauen.

Es wurden täglich Sachen aufgefahren, die es sonst nur gegen teures Geld in den DDR-Delikat-Läden zu kaufen gab. Kurzum, am Essen gab es nichts, aber auch gar nichts zu meckern.

Täglich drei opulente Mahlzeiten. Auf dem Schiff ist zweimal Sonntag. Der Donnerstag ist traditionsgemäß der sogenannte Seemannssonntag. Natürlich mit Sonntagsessen und am Nachmittag mit Kaffee und Kuchen, genau wie sonntags. Eines der wichtigsten Besatzungsmitglieder auf jedem Schiff ist zweifellos der Koch. Er entscheidet über das Wohlbefinden der ganzen Besatzung. Die Stimmung an Bord steigt und fällt mit der Qualität des Essens.

Eine kleine Anekdote:

Auf einer Fahrt nach Südamerika hat sich gleich nach Auslaufen herausgestellt, dass der Koch total überfordert war.

Der Alte (Kapitän) hatte daraufhin den zuständigen Direktor in Rostock angerufen und einen neuen Koch angefordert. So ein Austausch wurde in der Regel sofort und ohne Probleme genehmigt.

Wir hatten die Reise daraufhin umgeleitet, sind in Lissabon auf Reede, haben dort den alten Koch abgegeben und der neue kam an Bord. So einfach ging das.

Die Schiffsbesatzung auf Handelsschiffen arbeitet täglich, solange das Schiff unterwegs ist. Gearbeitet wird nach dem englischen Dreiwach-System.

Neben den Wachgängern waren noch der Alte, der Bootsmann, der Storekeeper, der Koch und Bäcker sowie der Chefsteward und seine Stewards (meist Frauen) an Bord.

Zusammen waren das auf Schiffen dieser Größe um die 30 Besatzungsmitglieder. Der Funkoffizier gewährleistet die vorgeschriebene Durchführung der internationalen Funksicherheitswache auf der festgelegten Funkfrequenz.

Weitere Aufgabe des Funkoffiziers:

Durchführung des Funkbetriebs für den öffentlichen, dienstlichen und privaten Funknachrichtendienst des Schiffes.

Sicherstellung der Funktionstüchtigkeit der Funk- und Ortungsanlagen, Funkbetriebsabrechnung, Wartung und Reparatur sowie das Ein- und Ausklarieren in den Häfen.

Meine zweite Reise, nun als verantwortlicher Funkoffizier, ging von Berlin mit der Interflug über Gander/Kanada nach Havanna. Dort sollte ich den Funkoffizier, der in seinen wohlverdienten Urlaub wollte, ablösen.

Für die Reise gab es 10,00 DM West Reisegeld.

Es war vereinbart, dass mich jemand am Flughafen erwartet und zum Schiff bringt.

Nach langer Einreiseprozedur stand ich mit meinem Koffer vor dem Flughafengebäude und habe gewartet, gewartet und gewartet.

Weder ein Vertreter der Reederei noch ein Besatzungsmitglied war weit und breit zu sehen. Es wurde langsam dunkel.

Die 10,00 DM Reisegeld hätten für ein Taxi nicht gereicht.
Ich wusste weder, wo der Hafen ist, noch wo das Schiff liegt.

Was tun? Telefonieren? Im Jahre 1978 – Illusion. Eine Telefonnummer zur Kontaktaufnahme hatte ich nicht. Das Einzige, was ich wusste, war der Name des Schiffes.

Ich war gestrandet, allein in einem fremden Land. Einen öffentlichen Fernsprecher gab es nicht, zumindest habe ich keinen gesehen. Ich hätte auch nicht gewusst, wen ich hätte anrufen sollen, dazu noch ohne kubanische Peso.

Die letzte Möglichkeit – Taxi.

Ich sprach kein Wort Spanisch und die Taxifahrer kein Wort Englisch.

Gott sei Dank sind fast alle Kubaner sehr aufgeschlossen, ungemein freundlich und äußerst hilfsbereit.

Mit einigen anderen Taxifahrern und Passanten, auch durch Kommunikation mit Händen und Füßen, haben wir dann den Liegeplatz des Schiffes ausfindig gemacht. Es lag auf einem Liegeplatz gegenüber der Altstadt von Havanna, direkt in der Hafeneinfahrt, für jeden sichtbar.

Na dann los.

Als wir am Schiff ankamen, war es schon finstere Nacht. Alle waren auf Landgang, nur die Wachmatrosen und der diensthabende Dritte Offizier zu sehen.

Jetzt musste ich erstmal das Geld für den Taxifahrer auftreiben. Der Dritte und ein Wachmatrose haben dann den Taxifahrer bezahlt.

Essen und trinken kann man auf jedem Schiff zu jeder Tages- und Nachtzeit.

Danach bin ich in die Koje gefallen und habe durchgeschlafen.

Am nächsten Morgen tat man recht erstaunt. Man hatte mich erst an den Tag meiner eigentlichen Ankunft erwartet. Vielleicht war das auch nur eine Ausrede, weil eine Sause in der Altstadt von Havanna wohl wesentlich aufregender ist.

Kaltes Bier, heiße Salsa und eine Vielzahl umwerfend hübscher und exotischer Mädels.

Leider war die Verständigung meist schwierig, da fast kein Kubaner bzw. Kubanerin Englisch und von uns so gut wie keiner Spanisch sprach.

Unser erlerntes Schulrussisch, was damals sowohl in der Schule als auch in der Ausbildung und Hochschule Pflichtfach war, wurde hier nicht gebraucht.

Es waren unbeschwerte Tage und Wochen. In Seehäfen ist gemäß internationalen Vorschriften die Funkerei verboten. Meine Tätigkeiten beschränkten sich auf die Aufnahme der täglich von der Reederei ausgesendeten Tagespresse sowie dem Empfang von öffentlichen, dienstlichen und privaten Funknachrichten. Das war auch immer ein Stück Heimat und die Presse, vor allem die mit den Fußballergebnissen, wurde immer ungeduldig erwartet.

Wegen der schleppenden Entladung des Schiffes lagen wir dort ganze 3 Monate.

Nach dem Sieg der Revolution durch Fidel Castro schlug die Stunde der Mangelwirtschaft.

Dazu kam noch das US-Embargo.

Die Ladung wurde mit einem Kran direkt auf LKWs geladen. Mal kamen zwei LKWs am Tag, mal tagelang gar keiner.

Das hat keinen groß gestört, auch uns nicht. Dort gehen die Uhren anders und das wichtigste Wort ist „mañana" – Morgen.

Wir konnten in unserer Freizeit in die Stadt gehen und uns die Zeit vertreiben. Es war warm, täglich schien die Sonne – wir waren gut gelaunt. Es war fast wie im Urlaub.

Havanna ist eine wunderschöne alte Kolonialstadt und hat sehr, sehr viel zu bieten. Es gibt jeden Tag unendlich viel zu sehen, zu erkunden und zu entdecken.

Die kommunistische Partei unter Führung von Fidel Catsro hat mit der Revolution die „libreta" eingeführt. Die gibt es heute noch, wenn auch in abgespeckter Form.

Dieses Heft listet auf und berechtigt jeden Kubaner jeden Alters, unabhängig davon, ob er Arbeit hat oder nicht, zum Bezug von Grundnahrungsmitteln wie Reis, Bohnen und Fleisch. Persönliche Dinge wie Schuhe, Zahnpasta und Zigaretten sind auch Bestandteil der Liste. Für diese Dinge gibt es einen symbolischen Preis, der in keiner Weise die Kosten deckt.

Es gibt in Kuba keinen großen Verdienstunterschied zwischen einem Hafenarbeiter, einem ausgebildeten Arzt, einem Ingenieur oder einem Hochschulprofessor.

Alle haben in etwa gleichen Lohn. Damit gibt es auch wenig Anreize für Bildung, Ausbildung oder Qualifikation.

Das ist der Sozialismus karibischer Prägung.

Der Kubaner hat eine komplett andere Mentalität und Arbeitsmoral als der Europäer. Komme ich heute nicht, komme ich morgen. Von Produktivität keine Spur. Es gab ja für jeden die „libreta." Fidel Castro war mitnichten Kommunist. Er wurde in die Arme der Sowjetunion getrieben, weil ihm die USA nach der Revolution durch ihr striktes über Kuba verhängtes Embargo jegliche Hilfe verweigerten und das auch heute immer noch tun.

Kuba ist – neben dem Iran, Libyen und Nordkorea – für die USA noch immer ein sogenannter „Schurkenstaat" und dem Embargo unterworfen.

Das hat natürlich Auswirkungen auf alle Lebensbereiche. Kuba war jahrelang abhängig und eine „Kolonie" von US-Amerika.

Nach diesen ersten Kuba-Erfahrungen wurde dieses Land erst viel später zu meiner zweiten Heimat. Es folgten andere Reisen nach Venezuela, Kolumbien, Ecuador, Marokko, Tunesien und in die Sowjetunion.

Ich liebte meinen Beruf, ich war stolz und ich bin gerne zur See gefahren. Es war in gewisser Weise die Erfüllung meines DDR-Traumes. Andere Länder, andere Sprachen, andere Kulturen, andere Sitten, andere Mentalitäten kennenzulernen. Man kann sagen, es war für einen DDR-Bürger ein privilegiertes Leben.

Die Jahre verliefen wie im Traum und ich wünschte, dass der Traum nie zu Ende geht.

Viele unvergessene Momente. Momente der Freude, der Einsamkeit, des Nachdenkens, des Zu-Sich-Selbst-Findens.

Eine Schiffsbesatzung ist für die gemeinsame Zeit auf See ein eingeschworener Haufen, wo sich jeder auf jeden verlassen kann und muss. Alles kam ganz anders, als ich mir das vorgestellt habe.

Ich erwähnte bereits, dass ich in der Zwischenzeit geheiratet hatte.

Durch meine langen Abwesenheiten und die Karrierebestrebungen meiner damaligen Frau haben wir uns immer weiter entfremdet.

Der Hausfreund nahm auf unserem Sofa Platz und wurde zum Geliebten.

Eine Seemannsehe erfordert Verzicht und eiserne Disziplin. Das ist nicht unbedingt immer mit unserem Wesen vereinbar. Daran ist auch ein Großteil der Seemannsehen gescheitert.

Den Spruch in einem bekannten Gassenhauer „Seemannsbraut ist die See" unterschreibe ich sofort.

Dann stand es an, das Thema Scheidung. Die Scheidung einer Seemannsehe in der DDR.

Wir hatten das zu Hause bei meinem letzten Heimaturlaub kurz angesprochen.

Meine Frau war äußerst selbstbewusst, aber auch sehr, sehr nachtragend.

Was käme auf mich zu?

Der vorläufige Entzug des Seefahrtsbuches, zumindest, solange die Scheidung läuft. Mit dem Wissen, es vielleicht nie wieder zu erhalten.

Was geht in den Köpfen von selbstbewussten, nachtragenden Frauen vor? Was wird sie erzählen, wenn es zu einer Scheidungsverhandlung kommt? Ich werde es nie erfahren.

Eine Denunziation bei der Staatssicherheit mit dem Hinweis auf eventuelle Republikflucht?

Das war in der DDR leider eine gute Methode, um Rache zu nehmen und um jemandem zu schaden. Das ist traurig, aber eine Behauptung reichte aus und man wurde zum befleckten Staatsbürger zweiter Klasse. Ohne jede Chance zur Stellungnahme, Gegenwehr oder Rechtfertigung.

Es war ein großes Risiko und ich hatte mich fast schon damit abgefunden.

Wie das Leben so spielt, kam auch hier wieder ein Zufall zur Hilfe. Ich erhielt vom Flottenbereich ein Telegramm mit der Aufforderung zum unverzüglichen Rückruf.

Man teilte mir mit, dass ich sofort nach Rostock muss und auf einem zur Ausreise bereiten Schiff den kurzfristig durch Krankheit ausgefallenen Funkoffizier ersetzen soll.

Also in den nächsten Zug und ab nach Rostock.

Die Ausreiseprozeduren waren so geregelt, dass man vor Ausreise einen Vermerk ins Seefahrtsbuch bekam, der berechtigt, die Staatsgrenze der DDR zu passieren. Das ging sofort.

Ich übernahm den Funkraum und ein paar Stunden später passierten wir die Mole in Warnemünde.

Es war ein sogenannter Bananendampfer, mit Ziel Guayaquil/ Ecuador.

Eine Stunde nach Auslaufen kam ein ungutes Geräusch aus dem Maschinenraum. Wir hatten einen Maschinenschaden.

Das Schiff war ein Norweger, d. h. es war in Norwegen gebaut worden und die Maschine konnte vorzugsweise in Norwegen oder Dänemark repariert werden.

Ein gerufener Schlepper brachte uns dann in Absprache mit der Reederei in die Werft nach Frederikshaven/Dänemark.

Das war meine Chance und die musste ich nutzen.

Damit sich kein Besatzungsmitglied in fremden Häfen so einfach aus dem Staub machen konnte, wurden die Seefahrtsbücher bei Auslaufen des Schiffes eingesammelt und im Tresor verwahrt.

Als Funkoffizier war ich auch für das Aus- und Einklarieren mit den entsprechenden Behörden (Grenzpolizei, Zoll, Hafenbehörde, Gesundheitsamt etc.) in den jeweiligen Häfen verantwortlich. Ich hatte immer Zugriff auf die Seefahrtsbücher im Tresor, dazu hatte ich nämlich immer den entsprechenden Schlüssel.

Wir waren nach Mitternacht in der Werft von Frederikshavn, es war Karfreitag.

Hundert Meter von der Werft entfernt war der Bahnhof.

Nach dem Frühstück meldete ich mich zu einem kleinen Werftrundgang ab. Bei Landgängen war es Pflicht, immer zu hinterlassen, wo man hinging.

Mein geheimes Ziel war der Bahnhof. Ich wollte sehen, wann der nächste Zug nach Hamburg geht, da stand 12:30 Uhr.

Ein Offizier hatte am darauffolgenden Ostersonntag Geburtstag.

Alle Schiffsoffiziere berieten in einer Leitungssitzung über eine kleine Festivität zu diesem Anlass. Es wurde beschlossen, ein Fass Bier und ein halbes Schwein zu opfern, um ein Schlachtefest mit Grillparty zu veranstalten.

Verpflegung ist übrigens auf jedem Schiff gratis. Zigaretten, Flaschenbier, Wein oder Schnaps konnte man für ein paar Pfennig oder Mark zollfrei kaufen.

Einige Bierfässer waren für solche Events immer an Bord. Die Party sollte am späten Nachmittag starten. Zurück im Funkraum habe ich mein Seefahrtsbuch aus dem Tresor geholt und mich dann kurz nach 12 Uhr zum Landgang abgemeldet.

Meinen Gewerkschaftsausweis, meinen Führerschein sowie etwas Kleingeld, ca. 50,00 DM, hatte ich ebenfalls dabei.

In jedem Hafen konnte man in der wachfreien Zeit an Land gehen und machen, was man wollte. Da gab es keinerlei Probleme oder Einschränkungen.

Ich bin bewusst ganz langsam zum Bahnhof geschlendert, immer auf der Hut, dass mir keiner folgt oder mich beobachtet.

Glücklicherweise war es Mittagszeit und die meisten waren zum Essen.

Am Bahnhof habe ich mir eine Fahrkarte gekauft. Ich glaube, das waren umgerechnet so um die 25,00 DM und habe mich in den Zug gesetzt, der schon wartete.

Nach einer gefühlten Ewigkeit fuhr er schließlich ab.

Die Bahngleise führten keine 20 Meter am Schiff vorbei.

Da saß ich nun, mit zittrigen Händen, schweißgebadet und mit flauem Gefühl im Magen.

Es war eine Entscheidung für das Ungewisse, eine Entscheidung, die nicht wieder rückgängig gemacht werden konnte.

Ich hatte in Westdeutschland weder Verwandte noch Bekannte. Hunderte andere Menschen hatten das vor mir gemacht. Diese Tatsache gab mir die Zuversicht und den Rückhalt, die ich brauchte. Der Zug rollte und ich hing meinen Gedanken nach.

In Flensburg stieg der Grenzschutz hinzu, begutachtete mein Seefahrtsbuch und fragte, wo ich hinwolle. Ich antwortete: „Nach Hamburg, um dort zu bleiben."

Die sagten mir: „Steig mal hier mit uns aus. Das machen wir von hier aus viel einfacher und die Fahrkarte hättest du dir auch nicht kaufen brauchen."

Man hat meine Personalien aufgenommen, mir was zu essen gekauft und die zuständige Behörde vom Verfassungsschutz in Hamburg angerufen.

Auch diese Leute vom ehemaligen Bundesgrenzschutz haben mir viel Mut und Zuversicht gegeben.

Nach etwas mehr als zwei Stunden kam eine Limousine vorgefahren. Ein Herr vom Verfassungsschutz mit seinem Chauffeur.

Es ging nach Hamburg, in ein mittelklassiges Hotel.

Der Herr sagte: „Ich komme morgen nach dem Frühstück und hole sie ab."

Am nächsten Tag fuhren wir in ein Kaufhaus und er kaufte mir eine Erstausrüstung an Kleidung und Kosmetika.

Danach fuhren wir in sein Büro zum Verhör. Das ging zwei Wochen von früh bis zum Spätnachmittag. Ich musste mein Leben von vorne bis hinten und von oben nach unten, gefühlt 100mal erzählen. Immer die gleichen Fragen, verschieden verpackt und 100mal beantwortet.

Frühstück gab es im Hotel, Mittagessen bezahlte er und zu Abend konnte ich ebenfalls im Hotel essen.

Nach zwei Wochen drückte er mir eine Bahn-Fahrkarte nach Gießen und 100,00 DM in die Hand und sagte: „Wir sind hier durch. Jetzt musst du noch zu den Amerikanern, für deine gültige Aufenthaltsgenehmigung in der BRD."

Das Notaufnahmelager für DDR-Flüchtlinge war in Gießen am Meisenbornweg.

Es gab freie Unterkunft, Verpflegung und Kleidung sowie 15,00 DM Taschengeld. Diese Aufnahmeprozedur unter US-Oberaufsicht war zum Glück in drei Tagen erledigt.

Zum Abschied gab es den Ausweis für die BRD sowie ein Zugticket zu meinem Wunschort.

Ich fuhr zurück nach Hamburg und kam am frühen Abend in Hamburg an. Für ein Hotel hatte ich natürlich kein Geld.

Was tun?

Auf jedem größeren Bahnhof gibt es eine Bahnhofsmission. Dort gibt es die Gelegenheit, sich nach kostenlosen Übernachtungsmöglichkeiten zu erkundigen.

In Hamburg gibt es eine Übernachtungsstätte für männliche Obdachlose. In Hamburg gibt es das Pik As in der Neustädter Straße. Dieses berüchtigte Obdachlosenquartier kennt jeder Hamburger Obdachlose.

Das sollte für die nächsten Wochen mein Zuhause sein, solange, bis ich alle persönlichen Formalitäten geordnet hatte.

Ich teilte mir ein 4-Bettzimmer mit drei anderen Obdachlosen. Zwei davon waren schwere Alkoholiker und Dauergäste.

Die ganze Situation war äußerst unangenehm und ich wollte natürlich so schnell wie möglich dort weg.

Ich habe mich am nächsten Tag auf dem Arbeitsamt gemeldet. Die wollten mich gleich für den nächsten Tag als Funkoffizier auf einen Tanker in Venedig vermitteln.

Ich hatte aber beschlossen, hier und unter den jetzigen Bedingungen nicht mehr zur See zu fahren. Auch mit dem Wissen, dass durch die Einführung des weltweiten Seenot- und Sicherheitsfunksystems Global Maritime Distress Safety System (GMDSS) zukünftig ein Funkoffizier auf Seeschiffen überflüssig werden wird.

Danach ging es zum Wohnungsamt, wegen einer kleinen eigenen Wohnung.

Ich suchte eine Tätigkeit als Inbetriebnahme-/Serviceingenieur weltweit, international.

Um schnell etwas Entsprechendes zu finden, habe ich auch die Stellenangebote der großen überregionalen Tageszeitungen studiert.

Ich hatte eine gute Ausbildung, war frei, flexibel, unabhängig und ungebunden. Für mich war daher das ganze Bundesgebiet interessant.

In der Zwischenzeit hatte ich vom ersten Arbeitslosengeld ein winziges möbliertes Ein-Zimmer-Appartement in Hamburg Horn gemietet. Das wurde mir vom Wohnungsamt angeboten. Mit Toilette im Treppenhaus. Ich wusste gar nicht, dass es so etwas in der BRD noch gab.

Die Anzeige einer mittelständigen Firma aus Darmstadt, die nach einem Inbetriebnahmeingenieur weltweit suchte, hat mich besonders interessiert.

Diese Firma verkaufte als Marktführer Fahrzeugprüfstände an alle bekannten Autohersteller.

Ich rief an und drei Tage später fuhr ich zum Bewerbungsgespräch nach Darmstadt.

Man bot mir die Stelle sofort an. Es kam aber noch besser. Die Personalabteilung bot mir zum sofortigen Bezug ein teilmöbliertes, großzügiges Appartement im Zentrum von Darmstadt an. Ich dachte, das ist ja wie ein Fünfer im Lotto – wo ist der Pferdefuß?

Es gab keinen.

Vertragsbeginn war der erste des übernächsten Monats. Ich hatte also noch genügend Zeit, um alles stressfrei vorzubereiten und mit dem Abschnitt Hamburg abzuschließen.

Ich hatte mir vom Arbeitslosengeld für damals 990,00 DM auf dem Samstags-Automarkt in Hamburg einen drei Jahre alten Alfa Romeo Alfa Sud gekauft. Wer den noch kennt? Der ist dir innerhalb kürzester Zeit unter dem Hintern weggerostet.

Das war mir egal, er fuhr. Auch noch die nächsten zwei Jahre, bis ein Kotflügel aufgrund von Rost einfach während der Fahrt abgefallen ist. Meine wenigen Sachen im Auto verstaut und ab nach Darmstadt, ins neue Appartement und ins neue Leben. Ich war gespannt.

Mir war nach wenigen Wochen im Westen klar, dass es hier kein begleitetes Leben von der Wiege bis zur Bahre gibt. Du musst alles selbst in die Hand nehmen, alles selbst entscheiden, dich um alles selbst kümmern. Es hilft dir keiner.

Andererseits geht dir aber auch keiner auf den Zeiger, mit sozialistischen Leitungsprinzipien, Verhaltensweisen und politisch-ideologischen Erziehungsprozessen.

Mich hatte das nie begeistert, gestört aber auch nicht.

Festzustellen ist: Es fehlte und fehlt mir nicht – nicht eine Minute.

Ich war nie ein politisch aktiver oder engagierter Mensch, dazu wurde ich nicht erzogen.

Gefragt, ob ich in die SED eintreten wolle, wurde ich sehr oft. Ich habe es aber nie getan, weil ich nicht überzeugt war und mich nicht verbiegen wollte.

Ich bin auch nicht im Tal der Ahnungslosen aufgewachsen. Das war der Teil der DDR, in dem man kein Westfernsehen empfangen konnte.

Soweit ich mich erinnere, lief bei uns zu Hause nur Westfernsehen, außer Sport. Dieser Umstand hat mich aber nicht dazu verleitet, alles nur schwarz-weiß zu sehen. Ich glaubte also nicht, dass im Westen alles gut ist und im Osten alles scheiße war.

Ich habe mich immer kritisch mit den zwei Systemen auseinandergesetzt. Es gab in der DDR ganz epochale Errungenschaften (Kinderbetreuung, Gleichstellung der Frau, Bildung), wovon unser heutiges System in Deutschland immer noch träumt.

Wenn ich mir die Entwicklungen im jetzigen Deutschland anschaue, dann sehe ich immer mehr Parallelen zu den Zeiten der finstersten DDR-Diktatur. Das macht mich sehr, sehr nachdenklich.

Einseitige Berichterstattungen, das Verdrehen oder bewusste Weglassen von Tatsachen bei Berichterstattungen. Verbreitung von Halb- oder Unwahrheiten, Verhinderung kritischer Auseinandersetzungen zu aktuellen Themen und Ausgrenzung von Andersdenkenden.

Wer etwas in Frage stellt, wird mit Schlagwörtern wie Querdenker, Verschwörungstheoretiker, Antidemokrat, Rassist, Rechter, Nazi und/oder Schwurbler diffamiert.

Die Bereitschaft, Verständnis und Empathie für die Beweggründe Andersdenkender aufzubringen, wird massiv unterdrückt.

Man vergisst und verschweigt: Freiheit und Demokratie ist auch die Freiheit Andersdenkender.

Das ist der Rückfall in ein ganz dunkles Kapitel der DDR-Diktatur und entlarvter Unsinn.

Wir Ossis haben ein sehr feines Gespür dafür, was in unserem Lande hier und jetzt schiefläuft. Wir haben den Vorsprung und die Erfahrung, das alles schon einmal erlebt und durchgemacht zu haben.

Bestandteil der Einarbeitung in meinem neuen Job waren der Aufbau und die Inbetriebnahme der kompletten Elektronik des Prüfstandes im Werk vor der Auslieferung an den Kunden. Das geschah unter Mithilfe von Kollegen und Entwicklungsingenieuren.

Dieses Vorgehen minimiert das Auftreten von eventuellen Problemen bei der Inbetriebnahme draußen beim Endkunden.

Was ich schnell lernen musste – Fehlersuche, wie wir sie kannten, und wo wir ausgebildet und erfahren waren, war hier nicht gefragt. Es wurden einfach nur komplette Bauteile oder Einschübe ausgetauscht.

Meine erste Inbetriebnahme zusammen mit einem erfahrenen Inbetriebnehmer war in Brasilien bei Volkswagen „do Brasil" in Sao Paulo.

Die Prüfhalle mit der kompletten Infrastruktur inklusive Automatisierungstechnik wurde von Siemens München gebaut.

Der verantwortliche Projektleiter wollte uns abwerben, um bei Siemens als Assistenz-Projektleiter für Großprojekte einzusteigen.

Mein Kollege, mit Haus, Frau und Kind in Darmstadt, hatte dankend abgelehnt.

Ich hatte lange überlegt, fuhr dann nach Abschluss der Inbetriebsetzungsarbeiten zum Vorstellungsgespräch nach München.

München hatte mich immer schon interessiert. Die Lebensart und -Qualität, das unschlagbare Ambiente, das Hinterland, der FC Bayern, die Biergärten, das Oktoberfest, die Isar, die Maximilianstraße, Schwabing.

Ich konnte gar nicht nein sagen.

So hat es mich nach München verschlagen, wo ich dann die nächsten 25 Jahre verbringen sollte.

Es war eine Abteilung, die darauf spezialisiert war, firmenintern projektspezifische Dienstleistungen an andere Unternehmensbereiche und deren Projekte anzubieten.

Da wären technisches und kaufmännisches Projektmanagement, Teilprojektmanagement, Claimmanagement, Inbetriebnahmen und hoch qualifizierte Aufgaben im Projektmanagement.

Ein Apartment hatte ich mir vorher über einen Immobilienmakler in der Nähe von Siemens in München Solln gemietet. Die Einarbeitungsphase umfasste unter anderem zwei Spanisch-Intensivsprachkurse in Spanien und einen Englisch-Auffrischungskurs in England.

Man schickte mich Anfang der 1980er Jahre dann sofort als Teilprojektleiter zur Inbetriebnahme der Kommunikationstechnik nach Abudja, die neue Hauptstadt von Nigeria.

Ähnlich wie Brasilia, eine neue Stadt, mitten im Dschungel aus dem Boden gestampft.

Siemens baute die komplette Kommunikationstechnik.

Das abgeordnete deutsche Personal war für Projektmanagement, Supervision und Inbetriebnahme zuständig.

Für die Montagearbeiten wurden lokale nigerianische Kräfte eingestellt und/oder Verträge mit nigerianischen Subkontraktoren geschlossen.

Für mich eine völlig neue Erfahrung. Die Zusammenarbeit verschiedenen Nationalitäten und Mentalitäten. Supervisoren auf der Baustelle waren in der Regel Freelancer wie Deutsche, Engländer, Bulgaren, Österreicher. Ein buntes Völkergemisch – alles lief reibungslos und es gab keine größeren Probleme.

Ich hatte mir ein schönes großes Haus mit riesigem Garten gemietet. Mein Chauffeur war gleichzeitig mein Gärtner und mein Bodyguard. Auf dem Grundstück war, wie in solchen Ländern üblich, ein Haus für die Bediensteten. Er wohnte dort mit seiner Frau, die auch meine Haushälterin war.

In Nigeria braucht man am Haus unbedingt einen Generator und mindestens 200 Liter Diesel im Tank. Dort fließt der Strom nur stundenweise oder tagelang gar nicht.

Der Generator war täglich gut und gerne 10 Stunden in Betrieb.

Ohne Kühlschrank, Kühltruhe und Klimaanlage geht es mitten in Afrika gar nicht.

Auch unter dem Gesichtspunkt von Militärputschen. Bei einem Militärputsch wurden jegliche Kommunikation und Strom abgeschaltet. Dort wurde zu dieser Zeit sehr oft geputscht.

Das hieß dann auch Ausgangssperre.

Der Kühlschrank, die Kühltruhe und das Fass mit Diesel mussten daher immer so gefüllt sein, dass man 14 Tage überleben konnte.

Die Erfahrung hatte gezeigt, dass nach spätestens einer Woche Putsch auch die Putschisten müde wurden. Sie hatten dann auch nichts mehr zu essen und zu trinken. Es brauchte also eine Pause vom Putsch.

Die Baufirmen Bilfinger Berger und Strabag, zuständig für die Errichtung der Gebäude- und Straßeninfrastruktur in Abudja, hatten ein riesiges Camp mit einer ganzen Armee von Supervisoren. Dort gab es deutsches Essen und deutsches Bier.

Das hat uns sehr gefallen und wir waren oft zum Essen und zum Bier trinken dort. Es waren hochinteressante und erlebnisreiche Jahre. An den Wochenenden, wenn es die Zeit und das Projekt zuließ, sind wir in den Dschungel am Fluss Niger gefahren. Dort haben wir mit Moskitonetz auf den Ladeflächen unserer Pick-Ups übernachtet. Wir haben Gänse geschossen und Fische geangelt. Vor Ort haben wir das Erlegte gleich gegrillt oder auch mit nach Hause genommen.

Zusammentreffen mit Einheimischen, den Bush People, war oft kurios. Europäer gibt es dort keine und die Kinder dort, haben wohl noch nie einen gesehen. sie haben uns angefasst, gestaunt und geprüft ob wir angestrichen sind und abfärben.

Schrotflinten mit Munition sowie Angelausrüstung konnte man sich in Nigeria problemlos ohne irgendwelche Genehmigungen kaufen.

Für den Auf- und Ausbau eines neuen Geschäftsfeldes ging ich Ende der 1980er für 2 Jahre als Berater nach Sao Paulo zu Siemens „do Brasil."
Dort habe ich auch das Ende der DDR miterlebt.
Im Rahmen von aktuellen und längeren täglichen Live-Schaltungen im brasilianischen Fernsehen konnte ich die friedliche Revolution im Oktober 1989 und den Fall der Berliner Mauer in allen Einzelheiten miterleben.
Es kam alles so überraschend. Ich war hin- und hergerissen und völlig überwältigt sowie sprachlos. Natürlich habe ich mich von ganzem Herzen gefreut und mir kamen auch ganz oft die Tränen.

Anfang der 1990er Jahre ging ich dann für einige Zeit für ein Teilprojekt nach Honduras. Den Aufbau eines neuen digitalen Telefonnetzes für die nationale Telefongesellschaft Hondutel
Mitte der 1990er wurde ich als Teilprojektleiter für zwei Großprojekte, in Rumänien und in den Niederlanden, abgeordnet.
Zwischenzeitlich hatte ich erfolgreich meine Weiterbildungsmaßnahmen zum Projektmanager, Senior Projektmanager und Projektdirektor abgeschlossen.
Der Bau des Hauptgebäudes mit kompletter Infrastruktur Terminal 2 Mexiko City International Airport war meine erste Station als verantwortlicher Projektmanager.
Anschließend ging es zur Projektleitung der Metro-Erweiterung nach Monterrey/Mexiko.
Danach nach Santo Domingo/Dominikanische Republik. Dort hatte ich die Projektleitung Metro Santo Domingo.
Mein Ziel war es, mich nach der Projektleitung Metro Santo Domingo in den Vorruhestand zu verabschieden.
Der Erfolgsdruck wurde einfach zu groß und ich wollte meine Rente und den Rest meines Lebens stressfrei genießen.

Nach Fertigstellung der Linie 1 Metro Santo Domingo hatte ich aber noch Zeit bis zum gewünschten Vorruhestand.

In der Hitze von Doha/Katar gab es ein interessantes Projekt – eine Anlage zur Erdgas-Verflüssigung.

Das schien eine interessante aber auch abenteuerliche Aufgabe. Es war ein Großprojekt. Die Anlage wurde projektiert und verkauft von Siemens Pittsburgh/USA.

Viele Bereiche bei Siemens halten kein Personal für Projektmanagement vor. Das ist oft ein zu großer Kostenfaktor. Man kauft sich die Projektleitungskompetenz Siemens intern bei meiner Abteilung.

Also ging ich als Senior Projektmanager für dieses Projekt für zwei Jahre nach Katar.

Für die Inbetriebnahme der Unteranlagen, die in Etappen – je nach Baufortschritt – fertiggestellt wurden, kamen Siemens-Inbetriebsetzungsingenieure aus aller Welt. Aus den USA, Kanada, Singapur, Australien, England, Kolumbien, Brasilien, Mexiko und Indien.

Es war hoch interessant, das Zusammenarbeiten und das Funktionieren der verschiedensten Mentalitäten und Kulturen hautnah und intensiv mitzuerleben. Es war ein unvergessliches und unvergleichliches Erlebnis. Völkerverständigung pur, ohne politische Interessen und Statements, ganz einfach und reibungslos.

Das war übrigens in allen meinen durchlebten Projekten üblich, nur in dieser Internationalität und Intensität nicht.

Diese Zeit behalte ich in bester Erinnerung. Ich habe interessante Freunde aus aller Welt dazugewonnen, mit denen ich teilweise auch heute noch Kontakt pflege.

Mein unschlagbarer Vorteil- ich bin des Englischen und des Spanischen mächtig. Damit konnte ich ohne Probleme in allen Lebenslagen und in allen meinen Projekten kommunizieren.

1983, einmal Kuba und zurück:

Ich war in Nigeria.

Ein Siemens-Inbetriebsetzungskollege kam aus seinem Kuba-Urlaub zurück.

Er war zwei Wochen mit seiner Freundin dort.

Das hat mich interessiert und wir haben uns darüber ausgetauscht. Ich war ja selbst einige Monate als Seemann dort und mich hatte die Lebensfreude, die Lebensart, die Ausgelassenheit und die Freundlichkeit der Kubaner begeistert.

Es gibt immer noch touristisch weniger erschlossene Gegenden. So gut wie alle Urlauber verbringen ihren Urlaub in All-Inclusive-Hotels, entweder in Varadero, Guardelavaca oder Cayo Coco. Es fehlt damit oft die Gelegenheit, der Wille oder auch die Lust, das wahre Kuba kennenzulernen.

Viele Touristen bilden sich ein, nach 14 Tagen All-Inclusive-Hotel-Urlaub Kuba zu kennen.

Kuba ist nicht nur Hotel, Essen, Strand und Sonne.

Kuba ist viel vielfältiger, ist Faszination pur, ist Musik und Lebensfreude, ist das Abtauchen in eine komplett andere Welt.

Man sollte sich samstagabends in einer ganz normalen kubanischen Stadt, abseits vom Tourismus, ins Nachtleben stürzen.

Wunderschöne, interessante Menschen. Alle Hautfarben sind dort vertreten. Eine bunte Mischung aus Europa, Afrika und Asien. Gut gekleidete, bis ins letzte Detail gestylte Mädchen und Frauen bei fröhlicher Stimmung. Musik und Tanz, Lebensfreude pur, totale Ausgelassenheit.

Im nächsten Urlaub bin ich gar nicht nach Deutschland zurück. Die Taschen voller Geld von Nigeria über Amsterdam nach Havanna.

Urlaub ist und war für mich immer, Mentalitäten kennenzulernen, Land und Leuten auf die Finger zu schauen. Abseits von Hotels, abseits vom Tourismus.

Ich bin und war nie Rucksacktourist. Ich brauche und schätze die Annehmlichkeiten eines bequemen und komfortablen Lebens, auch und gerade im Urlaub.

Daher miete ich mir immer als Erstes ein Auto, da bin ich flexibel und unabhängig, kann tun und lassen,was ich will.

Wenn man kein Spanisch spricht, dann ist Kuba doppelt kompliziert. Fast keiner ist des Englischen mächtig, von Deutsch ganz zu schweigen.

Mein Job bei Siemens hat mich international fit gemacht. Man hatte mich ja gleich zu Beginn in verschiedene Englisch- und Spanisch-Intensivsprachkurse geschickt.

Damit konnte ich mich in Kuba recht ordentlich verständigen und bewegen.

Das ist Grundvoraussetzung, um Land und Leute kennenzulernen.

Mein erstes Ziel waren die Playas del Este östlich von Havanna. Ich habe mir einen Bungalow am Strand gemietet. Das war zu einer Zeit, zu der es auf Kuba noch so gut wie keinen Tourismus gab. Man traf lediglich einige Kanadier und ein paar Mexikaner.

Dort, am Strand, machte ich die Bekanntschaft von zwei Kubanern. Die kamen aus Santa Cruz del Norte, was etwa 30 Kilometer von Havanna entfernt, Richtung Varadero an der Via Blanca liegt. Diese Region ist bekannt durch eine große Havanna Club -Rumfabrik.

Diese Kubaner luden mich zum Wochenende ein. Es wurde ein Spanferkel am offenen Feuer gegrillt, kaltes Bier und Havanna Club getrunken.

Als Deutscher oder Europäer war man ein Exot und sofort im Mittelpunkt, vor allem bei den jungen Mädchen und Frauen.

Man konnte zu der Zeit Bungalows oder Privatunterkünfte für kubanische Peso mieten.

Die Geschäfte für westliche Waren, Dollarläden, ähnlich den Intershops in der DDR, durften Kubaner alleine nicht betreten. Der Eintritt in diese Geschäfte war nur in Begleitung eines Ausländers möglich.

In Bars, Clubs, Restaurants und Diskotheken sollten Ausländer normalerweise mit US-Dollar bezahlen und die Kubaner mit kubanischen Peso.

Da ich immer mit Kubanern unterwegs war, haben diese dann die Rechnungen mit meinen Peso bezahlt.

Den Urlaub und das Überleben haben wir uns mit kleinen Geschäften gesichert. Westliche Waren sind sehr gefragt und man konnte die Artikel recht schnell auf der Straße verkaufen.

Ein einfaches T-Shirt hatte einen Ladenpreis von einem US-Dollar. Der Straßenverkauf lag dann bei 40 Peso.

40 Peso waren zwei Übernachtungen im Bungalow oder ein gutes, reichliches Essen inkl. Getränke für zwei Personen.

Den Verkauf der Waren haben meine kubanischen Freunde organisiert. Die haben dabei sicherlich auch noch ein gutes Geschäft für sich herausgeschlagen. Ich habe es ihnen neidlos gegönnt.

Man brauchte für zwei Wochen nie mehr als 500-600 US-Dollar. Gut, das war damals vor 40 Jahren sehr viel Geld.

Die Miete und das Benzin fürs Auto sind da nicht drin, das war extra. Der Mietpreis für ein Auto pro Tag war bei 40 $, Benzin 1 $ der Liter, wenn es denn welches gab.

Auf Kuba ist alles Mangelware.

Ein Kubaner konnte sich auf seine Libreta einmal alle 2 Wochen für einen Vorzugspreis 20 Liter Benzin kaufen. Der hatte natürlich kein Auto und hat das Benzin auf dem Schwarzmarkt verkauft. Wir haben das ausgenutzt und so kostete der Liter nur wenige Cent.

Es ließ sich also gut leben, wenn man wusste, wie das System dort funktioniert.

Ich habe sämtliche Ausgaben, sämtliche Rechnungen, sämtliche Feste und Mädchen bezahlt. Und wir waren im Urlaub im ganzen Land jeden Tag und jede Nacht unterwegs.

In den folgenden Jahren habe ich alle meine Urlaube auf Kuba verbracht.

Wir sind die ganze Insel abgefahren, von Pinar del Rio über Matanzas, Varadero, Colon, Cienfuegos, Ciego de Avila, Moron, Camagüey, Trinidad, Las Tunas, Holguin, Santiago de Cuba bis Guantanamo und Baracoa.

Ich kenne jeden interessanten Fleck auf Kuba.

Ich kenne die kubanische Seele, ich kenne ihre Sorgen, ich kenne ihre Wünsche und Träume.

1994 wurde in Kuba eine Parallelwährung eingeführt, der kubanische konvertible Peso (CUC). Der Kurs war an den Dollar gekoppelt, 1 $ = 1 CUC.

Das war jetzt das offizielle Zahlungsmittel in Restaurants, Bars und Geschäften.

Die Ironie ist, dass der Kubaner sein Geld in kubanischen Peso verdient. Für kubanische Peso gibt es aber so gut wie nichts zu kaufen, nur die zugeteilten Grundnahrungsmittel mit der Libreta.

Damit wurde eine klassische Zweiklassengesellschaft geschaffen, weit schlimmer wie zu DDR-Zeiten mit dem Westgeld.

Die CUC-Preise waren für alle Produkte und Dienstleistungen um einiges teurer als in Deutschland. 1 CUC waren 25 kubanische Peso. Der durchschnittliche kubanische Monatsverdienst belief sich auf etwa 600 bis 1.000 Peso. Das waren also zwischen 25 und 40 CUC.

Die Hälfte davon ging für Miete und Strom weg. Wie kann man mit den verbleibenden 20 CUC überleben?

Es ist nicht nur für mich unbegreiflich und ich weiß es nicht. Viele schaffen das, weil sie gezwungen sind, nebenbei ihre kleinen Geschäfte zu machen.

Mehr als 50 % der Produktion der Staatsbetriebe – sei es Rum, Fruchtsäfte oder Lebensmittel – werden durch die Belegschaft gestohlen und schwarz auf der Straße verkauft.

Nur so sichert der durchschnittliche Kubaner sein Überleben. Von seinem normalen Verdienst kann er nicht existieren.

Wenn nicht die Masse an Exilkubanern in den USA, Lateinamerika und Europa ihre Familien finanziell unterstützen würde, wäre das Licht auf Kuba längst aus.

Etwa 70 % der Staatsunternehmen in Kuba sind ineffizient und unrentabel. Diese Betriebe müssen vom Staat subventioniert werden.

Das wird sich unter den gegebenen Umständen nicht ändern. Eine Besserung ist nicht in Sicht.

Die Landwirtschaft ist bei der ausreichenden Versorgung der eigenen Bevölkerung mit den Grundnahrungsmitteln restlos überfordert.

Es fehlt an allen Ecken und Enden. Es fehlen Maschinen, Geräte, Ausrüstung und Saatgut. Auch hier ist keine Besserung in Sicht.

Kuba muss einen Großteil der Lebensmittel importieren. So werden also mehr als 60 % des benötigten Grundnahrungsmittels Reis importiert.

Kuba verbraucht mehr Elektrizität als es produziert. Es kommt immer noch täglich zu mehrstündigen Stromabschaltungen im ganzen Land.

Das ist besonders kritisch in den Sommermonaten, weil dann weder Klimaanlagen noch Ventilatoren laufen.

Der Erdölverbrauch liegt mehr als dreifach höher als die Produktion. Es kommt zwangsläufig und regelmäßig zu Engpässen bei der Versorgung mit Benzin und Diesel.

Die wirtschaftlichen Schäden des immer noch geltenden US-Embargos sind teilweise für die Nahrungsmittelknappheit und die Schwierigkeiten im Transportwesen verantwortlich. Sie bringen aber nicht den erhofften Erfolg, die kommunistische Führung zu stürzen.

Die wirtschaftliche Misere Kubas hat ihre Hauptursachen im Zentralismus und dessen Ineffizienz.

Es existiert immer noch ein Einreiseverbot für US-Bürger.

Die kubanischen Exporte beschränken sich hauptsächlich auf Nickel, Tabak, Zucker und Alkohol.

Kein anderes Land hat eine größere Dichte von Ärzten als Kuba. Es kommen 9 Ärzte auf 1000 Einwohner. Seit Jahren werden vermehrt diese hochqualifizierten Fachkräfte (Ärzte und medizinisches Personal) „exportiert." Das hat sich mittlerweile zum Exportschlager entwickelt. Diese Ärzte und das Fachpersonal fehlen dann natürlich für die eigene Bevölkerung. Somit ist die obige Statistik nicht besonders aussagekräftig.

Kuba hat mit ca. 35 Ländern formelle Abkommen über die Entsendung medizinischen Personals abgeschlossen.

Für die betroffenen Kubaner bedeutet der Auslandsaufenthalt die Lösung vieler finanzieller Sorgen. Der Staat verdient natürlich kräftig mit, da nur etwa ein Viertel der Summe ausgezahlt wird. Drei Viertel des Ertrages kassiert der Staat.

Am 01. 01. 2021 wurde der CUC abgeschafft. Als Zahlungsmittel gibt es seitdem nur noch den kubanischen Peso, mit ei-

nem offiziellen Wechselkurs von 25 Pesos Cubanos (CUP) für
1 US-Dollar. Der Schwarzmarktkurs beträgt mittlerweile über
das Zehnfache (260 CUP für 1 US-Dollar).

2019 erfolgte die Eröffnung staatlicher Devisenläden für Haushaltsartikel, Lebensmittel, Hygieneartikel und Haushaltsgeräte
in den sogenannten MLC-Läden (1 MLC entspricht 1 US-Dollar).

Dort kann gegen Kartenzahlung in ausländischen Währungen
eingekauft werden. Dafür müssen Kubaner bei einer staatlichen
Bank ein Konto in Euro oder einer anderen Devisenwährung
einrichten, das mit einer Girokarte verbunden ist.

Viele Waren des täglichen Bedarfs gibt es nur noch oder vornehmlich in diesen Läden. Da die meisten Kubaner keinen Zugang zu ausländischer Währung haben, sorgen die MLC-Läden
seit geraumer Zeit für heftige Kontroversen im Land.

Kuba kämpft aktuell mit der täglichen Abwanderung gut
ausgebildeter Fachkräfte.

Seit 2021 erlebt Kuba einen historischen Massenexodus.

Durch die immer kritischer werdende Versorgungskrise verlassen vor allem junge Leute im arbeitsfähigen Alter das Land.
Allein an der US-Grenze wurden zwischen Oktober 2021 und
Dezember 2022 ca. 250.000 kubanische Migranten registriert.

Mehr als die Hälfte aller meiner kubanischen Bekannten
sind mittlerweile abgewandert und leben in den USA.

Die Komitees zur Verteidigung der Revolution (CDR) sind in
jedem Stadtviertel aktiv. Sie sind das Sprachrohr der Partei, die
Aufpasser im Wohngebiet und für alles zuständig. Unter anderem
auch für Altenfürsorge, Organisation politischer Diskussionen,
Weiterleitung von Beschwerden, Mobilisierung der Bevölkerung
im Krisenfall, zum Beispiel Naturkatastrophen wie Hurricans.

An jedem 28. September, dem Gründungstag dieser Komitees, wird dazu ein Nachbarschaftsfest, eine Fiesta, veranstaltet.

In einem großen Topf wird auf der Straße am offenen Feuer für das Wohngebiet eine Caldosa Cubana, eine kräftige und
schmackhafte kubanische Suppe mit allerlei Zutaten gekocht.

Das wird vom Staat und von der Gemeinde subventioniert.
Getränke muss jeder selbst mitbringen.

Ich wohnte mit einem Familien-Visa im Haus einer befreundeten Familie und hatte viel Zeit.

Es treffen sich zu diesem Anlass alle Anwohner, ob jung oder alt. Wir haben viel erzählt und noch viel mehr getrunken. Die meisten Kubaner sind sehr gesellig und trinken gerne. Kaltes Bier und viel, viel Rum. Auch die Mädchen und Frauen.

Eine Nachbarin, Medizinstudentin, hatte mich besonders interessiert. Großgewachsen, Modelfigur, schimmernde, leicht gebräunte Haut, schwarzes langes Haar und klug.

Ein enger Freund von mir, Kubaner, hatte ein interessantes Business.

Er verkaufte in einer Boutique in einem nahegelegenen kanadischen Touristenhotel handgefertigte Strandbekleidung.

Um das Geschäft etwas anzukurbeln hat er mit dem Geschäftsführer des Hotels einen Deal geschlossen. Er hat sich die fünf bis sechs bestaussehenden Mädchen und zwei bis drei junge Männer mit Modelfigur im Ort gesucht. Jeden Samstagabend wurde unter seiner Anleitung dann im Hotel gemodelt.

Anschließend konnten die Sachen – nicht die Mädchen – käuflich erworben werden.

Das hat sich gelohnt. Es war ein gutes Geschäft, ohne Steuern und Sozialabgaben.

Die Nachbarin, gehörte zu seinen Models und wurde meine feste Freundin.

Wir haben einige Jahre später geheiratet.

Später hat sie neben ihrem Studium weiter in Deutschland, Österreich und der Schweiz für eine internationale Agentur gemodelt. Sie hatte damit einen beachtlichen Nebenverdienst und konnte somit ihre Familie in Kuba gut unterstützen.

Ich war mit ihr vier Jahre in Kuba zusammen. Zu dieser Zeit hatte ich in Mexiko und der Dominikanischen Republik zu tun. Ich nutze neben Urlaub und den geringen Entfernungen zwischen diesen Ländern verlängerte Wochenenden für Besuche.

Im vierten Studienjahr hat sie mir gesagt, sie will raus aus Kuba. Sie kann und will nicht mehr.

Dazu muss man wissen, dass sich in Kuba kein Absolvent nach erfolgreichem Medizinstudium aussuchen kann, wo er arbeiten will. Das wird durch den Staat bestimmt. Man muss dorthin, wo man hingeschickt wird.

Ein normaler Kubaner hatte keinen Pass und durfte das Land nicht verlassen.

Die einzige Möglichkeit jemanden aus Kuba rauszuholen war eine Heirat. Das war damals in der DDR, wer es noch kennt, ebenso.

Also habe ich alle notwendigen Papiere zusammengesucht, übersetzen und beglaubigen lassen und wir haben auf Kuba geheiratet.

Ein halbes Jahr nach der Heirat bekam sie einen Pass und durfte ausreisen.

Die einzige Universität in Deutschland, die ein Jahr ihres kubanischen Medizinstudiums anerkannt hatte und wo sie weiterstudieren durfte, war Leipzig.

Also sind wir von München nach Leipzig gezogen. In meine alte Heimat.

Voraussetzung zum Studieren waren ein Integrationskurs und zwei Semester Deutsch am Herder-Institut mit Abschluss Sprachniveau C1. Das ist die Grundvoraussetzung, um als Ausländer in Deutschland zu studieren.

Dann hat sie in Leipzig ihr Medizinstudium fortgesetzt.

Mittlerweile hat sie das M3-Staatsexamen, hat seit vielen Jahren einen deutschen Pass und spricht akzentfrei Deutsch. Das ist gelungene Integration.

Die Ehe hat in Deutschland vier Jahre gehalten. Wir hatten uns bei einem Altersunterschied von 30 Jahren auseinandergelebt. Meine häufigen und längeren beruflich bedingten Abwesenheiten haben sicherlich ebenfalls dazu beigetragen.

Mittlerweile bin ich Rentner, wohne wieder oder immer noch in Leipzig und mache mir Sorgen um den Zustand unseres jetzigen Deutschlands.

Ich habe mein halbes Leben in Bananenrepubliken und Dritte-Welt-Ländern zu tun gehabt. Ich habe dort über viele Jahre – mein halbes Leben – gearbeitet, gewohnt und gelebt. Ich habe dort vieles erlebt, viel gesehen und immer versucht, fair zu analysieren.

Woher kommen in unserem Lande die vielen Ungereimtheiten, die unerträglichen Beeinflussungen der medialen Berichterstattungen durch die Politik?

Sind wir zu einer korrupten und dekadenten Bananenrepublik verkommen?

Diese ausufernde Bürokratie, Bevormundung und Korruption ist völlig unfassbar.

Das habe ich in diesen Ausmaßen in den so genannten Bananenrepubliken nie erlebt.

Sind wir nicht mehr für Argumente zugänglich und lernen wir wirklich erst durch Schmerz?

Warum werden fortschrittliche, wegweisende Technologien ganz einfach verboten?

Warum werden Kriege geführt?

Warum ist bei der Produktion von Raketen, Bomben und Waffen jegliche CO_2-Bilanz scheißegal?

Müssen wir erst die ökonomische Katastrophe vollenden, bevor wir aufwachen?

Beispiel eines jungen Weltverbesserers

Martin

Martin, ein junger Mann, der 1973 in der DDR geboren wurde und demnach zur Wendezeit 16 Jahre alt war. Es konnte keine besseren Umstände für ein Durchstarten in die neue Zeit geben. Mit einem selbst aus der Berliner Mauer geschlagenen Betonstück als Talisman konnte es nun losgehen. Nach seiner Lehre zum Heizungsmonteur konnte er sehr schnell erkennen, dass ein Weiterkommen über Qualifizierung mehr Möglichkeiten für ihn eröffnete. Er packte seine Chancen und wurde Anfang der 2000er Jahre selbstständiger Unternehmer. Der Markt und die Produkte waren vorhanden. Der wirtschaftliche Erfolg stellte sich schnell ein und seine Erfolge gaben ihm Recht. In dieser Anfangszeit gab es auch Menschen mit guten Ratschlägen und solche, die an seinem Erfolg teilhaben wollten. Darunter waren Menschen, die es wirklich gut meinten, und andere, die schon mal gescheitert waren. Leute, die schon gescheitert waren, tragen ihre Vita ja nicht vor sich her. Sie sind eher die „Klugscheißer." Martin konnte diese Dinge glücklicherweise unterscheiden. Das heißt nicht, dass er auch Lehrgeld zahlen musste. Lehrgeld zahlt man immer für Naivität und Gutgläubigkeit. Martins Charakter ist aber der eines Vormannes. Er muss die Dinge in der Hand behalten und beherrschen. Martin will und wollte niemandem auf dieser Welt erklären, warum er etwas nicht geschafft hatte. Es war ihm immer klar, dass das niemanden interessiert. Das bedeutet natürlich auch, dass er nicht für jeden Geschäftspartner ein einfacher Partner war. Seine Herkunft und seine Erziehung im Elternhaus sind das Unterpfand für einen guten Riecher bei allen Problemen, die auf einen so zurollen können.

Eine Kindheit und Jugend mit unvergesslichen Erlebnissen. Das sind die Gerüche und Geschmäcker aus der heimischen Küche der Mutter. Die Natur im ländlichen Raum mit ihrem großen blauen Himmel über den gelben Rapsfeldern, das heranwachsende Getreide, das Beobachten der Tiere im Wald und in den Ställen der heimischen Landwirtschaft gehörten dazu. Man konnte schon als Heranwachsender gutes Geld verdienen, wenn man sich in der Kleintierzucht engagierte. Im Besonderen beschäftigte Martin sich mit der Aufzucht von Kaninchen. So manchen Wunsch konnte er sich dadurch erfüllen. In der Hitze des Sommers die Ernte des Getreides, der Genuss eines warmen Sommerregens, das barfüßige Laufen über die abgeernteten Stoppelfelder und das Einbringen der Kartoffeln und Rüben im Herbst machten diese Welt komplett. Dieser Kreislauf von Natur und Mensch in dieser einfachsten Form bleibt unvergesslich und unübertroffen. Über allem wechselten die Jahreszeiten mit ihrem naturgemäßen und typischen Charakter. Der so beschriebene ländliche Raum bringt oft auch starke, fleißige und selbstbewusste Menschen hervor. Es ist die Einfachheit und Klarheit, die zwingend den Erfolg sucht.

In Martins Familie war der christliche Glaube fest verankert. Die römisch-katholische Lehre wurde in der Familie gepflegt und gelebt. In den Zeiten des Erwachsenwerdens in der DDR hatte das keine Vorteile, eher das Gegenteil. Wie bei vielen anderen christlich orientierten jungen Menschen wurden ein Studienplatz und andere Karrieremöglichkeiten nur schwer erreichbar. Dieser grobe politische Fehler entzog dem DDR-Staat viel Potential engagierter Menschen christlichen Glaubens. Martin wusste damit umzugehen und bewies durch hohe Leistungsbereitschaft und Intelligenz seinen eigenen Weg zu gehen.

In seiner Berufssparte spielte die Erhaltung der Umwelt eine wichtige Rolle. Es waren nicht nur die neuen Möglichkeiten, die sich nach 1989 ergaben. Man konnte diese Möglichkeiten und Ideen durchaus mitgestalten. Wenn einen der Erhalt der Schöpfung von Kindesbeinen an begleitet, findet das in der eigenen Arbeit natürlich seinen Niederschlag.

Martin war in seinem Beruf von jungen Leuten umgeben, die sich von ihm anstecken ließen und die gleichen Interessen und Ziele entwickelten.

Die alte Heiztechnik in der DDR konnte durch Öl- und Gasheizungen ersetzt werden. Die Truppe um Martin fand auch neue Lösungen bei der Kopplung von Solarenergie mit Holz- und Pellet-Verbrennung. Alle Brennstoffe, die nach 1989 in ausreichender Menge zur Verfügung standen, waren deutlich umweltfreundlicher als die immer schlechter verarbeitete Braunkohle zu DDR-Zeiten. Man sprach zu der Zeit auch schon mal vom Verheizen von Muttererde. Ein sehr interessanter Versuch war es, Olivenkerne zu verbrennen. Die Flamme war von einer Ölflamme nicht zu unterscheiden. Diese Methode hat natürlich nur dort Erfolg, wo genügend nachwachsender Rohstoff anfällt. Diese Tatsache war aber nicht der Anlass, dass es Martin nach Spanien verschlug. Man muss schon ein wenig verrückt sein, um solche Wege zu gehen. Den Weg nach Spanien stellten die Rahmenbedingungen in dieser globalisierten Welt. In Spanien, England und Italien konnte man unter diesen Bedingungen große Photovoltaikanlagen bauen. Er war einige Jahre in Spanien und auch in Deutschland in diesem Bereich sehr erfolgreich unterwegs. In dieser globalisierten Wirtschaftswelt muss man auf plötzliche Wendungen reagieren können. Martin stellte seine Aktivitäten in Spanien ein. Die Bedingungen hatten sich dramatisch geändert, so dass das Geschäftsmodell nicht mehr aufging. Man kann auch sagen: „Der Markt war zusammengebrochen." Es ist immer besser, mehr Geld zu verdienen, als zu verlieren.

Das ständige Suchen nach umweltfreundlichen Lösungen in Energiefragen führte ihn zu interessanten Speicherlösungen im Allgemeinen und zur Wasserstofftechnologie. Es begann ein Weg, der von bis dahin noch nicht gekannten Dimensionen gekennzeichnet war. Martin schaffte es diese für ihn völlig neuen Herausforderungen zu gestalten. Es gelang ihm wieder neue, hoch gebildete junge Leute um sich zu scharen. Die neue

Qualität bestand zum großen Teil auch aus Forschung und Entwicklung. Die Zusammenarbeit mit Forschungsinstituten war bei der Entwicklung seiner Firma ein wesentlicher Punkt. Sein Team wuchs mit jungen Ingenieuren und Doktoranden zu einer erstaunlichen Leistungsdichte heran. Auf der Suche nach den besten technischen Lösungen war die Arbeitsweise von kreativem und kontroversem Denken gekennzeichnet. Parallel zu dem technischen Niveau kam die Suche nach Investoren und Geldgebern. Es brauchte also gutes Kapital, das Lust hatte, sich zu vermehren. Auf der Suche nach diesem Kapital gab es zwangsläufig positive und negative Erlebnisse. Der Charakter des Kapitals ist nun mal immer der gleiche, vor allem ist es scheu. So manch guter Ansatz kostete natürlich auch eigenes Geld und war nicht immer von Erfolg gekrönt. Wenn Kapital flieht, kann man es nicht aufhalten. Kapital braucht immer auch einen klugen Kopf, damit es bleibt. Selbst wenn man es als Risikokapital bezeichnet, bleibt es chancenreicher, als nur auf der Flucht zu sein.

Bezüglich meiner Zusammenarbeit mit Martin erinnere ich mich gerne an die Anfänge. Ein junges Team mit teilweise langen Haaren und bunten Wollarmbändern ums Handgelenk. Es machte einfach Spaß zu sehen, mit wie viel Freude die Arbeit angepackt wurde.

Jahre später, angekommen in einer neuen Welt der Wasserstofftechnologie und einer nicht mehr zu vergleichenden Firmengröße, war die gleiche Arbeitsfreude zu spüren.

Die Welt hatte sich geändert. Die großen Themen Arbeitsfreude und Geldwelt vernünftig zu verknüpfen, war die große Herausforderung für Martin. Es klappte! Er fand das Kapital, das bleiben sollte und wollte.

Das Risiko stieg und es brauchte Leute, die davor keine Angst hatten. Bei den nötigen Verhandlungen hatte Martin geschulten Beistand von Mitarbeitern. Es gab allerdings auch Verhandlungen, in denen Martin sich völlig unkonventionell durchsetzte. Bei solchen Gelegenheiten wollte so mancher seine Bücher verbrennen, in denen die Lehrmeinung zu solchen Themen stand. Damit ist bewiesen, dass Geldgeber den neuen Entwicklungen durchaus positiv gegenüberstanden. Einige von ihnen wollten nicht unnötig Zeit verlieren. Der Startup-Gedanke ist in neuen Märkten unerlässlich. Eine Aufbruchstimmung, die es auch brauchte. In Geldangelegenheiten sorgte Martin aber immer für eine gewisse Sicherheit und Deckung. Man kann also arbeiten, Geld verdienen, investieren und ein gesundes Risiko gehen.

Bei der Entwicklung der Energiewirtschaft und im Besonderen der Wasserstofftechnologie sind die politischen Rahmenbedingungen in jedem Land dieser Welt von größter Wichtigkeit. Der ausgewogene Energiemix eines Landes ist entscheidend. Wasserstoff soll und kann nicht die alleinige Lösung sein. Deutschland hat allen Grund, auf Länder wie Dänemark, Japan oder auch China zu schauen. Die politische Verlässlichkeit muss für die Energieunternehmen eines Landes eine sichere Bank sein. In Deutschland gibt es mittlerweile eine große Anzahl solcher neuen Unternehmen. All diese Unternehmen brauchen die angesprochene Verlässlichkeit. Die Gründe für Unterschiede bei der Entwicklung neuer Technologien liegen oft in den zeitlichen Abläufen. Die große Frage war: Wer hat wann und mit wem unter Nutzung welcher Beziehungen richtungsweisende Technologien entwickelt und zur Marktreife gebracht? Das sind entscheidende Dinge, um zur richtigen Zeit an die nötigen Aufträge zu gelangen. Aufträge in einem sich völlig neu entwickelnden Markt zu generieren ist überlebenswichtig. Die Dinge müssen einfach zusammenpassen. Es ist natürlich unbenommen, dass die Unternehmen auch in der Lage sein müssen, derartige Aufträge abzuwickeln.

Martin und sein Team konnten das. Viele Dinge in der technischen Entwicklung und in der Zusammenarbeit mit anderen Unternehmen der Branche liefen parallel. Dazu gehörten Windkrafthersteller und Unternehmen aus der Photovoltaikindustrie. Martins Unternehmen entwickelte in Zusammenarbeit mit Forschungsinstituten auch serienreife Speichermöglichkeiten für Wasserstoff. Nicht, dass das andere Unternehmen nicht auch taten, Martin war aber schon auf einem guten Weg. Man braucht viel Durchhaltevermögen, Mut und Glauben, um diesen Weg bis zum Erfolg zu gehen. Auf so einem Weg muss an vieles gedacht werden. Insgesamt gab es in der Struktur nach innen und der Darstellung nach außen keine Versäumnisse. Die einfachen Rechnungen müssen aber zu jeder Zeit stimmen. Es durfte nichts aus dem Ruder laufen. Die Rahmenbedingungen liefen leider der Entwicklung in Martins Unternehmen hinterher. Dieses Vorauseilen eines engagierten Unternehmens und das diesem Tempo nicht entsprechende politische Umfeld machten die Bedingungen nicht gerade einfach. Wann passiert was und wann steht man allein da? Die Frage, ob Martin seiner Zeit voraus war, muss nicht gestellt und auch nicht beantwortet werden. Wenn die Ausgaben nicht mehr von den Einnahmen gedeckt werden, wird es schwierig. Die politische Verlässlichkeit war zu keinem Zeitpunkt gegeben und so mangelte es schließlich an Aufträgen. Eine Situation, die zwingend eine Insolvenz nach sich zieht. Zu diesem Schritt war Martin bereit. Ein Verschleppen der Insolvenz entsprach auf keinem Fall seinem Charakter.

Am Wegesrand dieser kapitalistischen Wirtschaftsordnung lauern aber immer potente und reiche Unternehmen, die gerne eine exzellente Vorarbeit übernehmen. Es gibt Reptilien, die ruhig abwarten, bis sie ihre klebrige Zunge blitzschnell ausfahren und ein Leckerbissen kleben bleibt.

Es begannen Verhandlungen, die das Unternehmen in andere Hände führten. Man kann es als glücklichen Umstand bezeichnen, dass Martin trotz großer Zugeständnisse nicht die Kontrolle verlor. Diese Tatsache ist aber wiederum nur seiner eigenen Leistung zu verdanken.

Es wäre einfach, wenn die Geschichte damit beendet sein könnte. Martin hatte aber, wie jeder in seiner Situation, mit allen menschlichen Untugenden zu tun. Es sind immer die Neider, die sich mit Missgunst, Egoismus und Lügen schadlos halten wollen.

Das sind Erfahrungen, auf die man gerne verzichten kann. Sie bleiben einem aber nicht erspart. Unter bestimmten Umständen können Menschen ihren Charakter dramatisch wandeln. Einen guten Charakter muss man sich leisten können. Den hat man nur im festen Glauben oder im festen Glauben an sich selbst. Schlechte Charaktere haben bei Menschen oft die Züge von Schakalen.

Wenn man so ein großes Rad wie Martin gedreht hat, gibt es einige Menschen, die an so einer Situation unbedingt teilhaben wollen. Hier werden nicht selten Grenzen überschritten die bis ins Mark gehen. Tief ins Innerste eines Menschen gehen ausschließlich Verletzungen, die von Personen begangen werden, von denen man solche Dinge nie erwartet hätte. Es sind also Personen des engsten Kreises. In solchen Fällen gilt: Schiffe sinken nicht wegen des Wassers um sie herum. Sie sinken wegen des Wassers das in ihr Innerstes eindringt! Es war für Martin und es ist für jeden anderen Menschen, dem etwas Gleichartiges passiert, eine harte Probe und eine bittere Lehre. Hier hört jeder Spaß auf und der Mensch muss sich auf seine ihm eigenen Werte und seine Urkräfte konzentrieren.

Der Schutz seiner Familie stand sofort im Vordergrund. Es ist völlig klar, dass die Familie in den zurückliegenden Jahren oft auf den Ehepartner und Papa verzichten musste. Umso größer war aber in den Jahren auch die Unterstützung, die das Familienoberhaupt erfahren durfte. Allen Kleingeistern zum Trotz schaffte Martin eine Situation, in der er wieder souverän agieren konnte. Alles, was an bitterem Lebenswasser zwangsläufig und unvorbereitet in ihn eindrang, konnte er wieder ins Meer schöpfen. Man kann Leck schlagen, untergehen wird man aber nicht, wenn man dieses Leck beseitigt.

Die Freude an der Arbeit kehrte zurück und er konnte wieder neue Pläne machen. Es gibt in diesem Zusammenhang nur eine Person, der er das Versprechen geben musste, nie wieder ein so großes Rad zu drehen.

Für Martin sind die Aufgabenstellungen und die Herausforderungen der Energiewende nach wie vor eine Arbeitsaufgabe. Es gibt so viele Bereiche, in denen er sich einbringen kann. Der aktuelle Zustand unserer Welt ist in dieser Niederschrift an vielen Stellen angesprochen worden.

Man kann auch im kleineren Rahmen intelligente und praxisorientierte Lösungen schaffen. Der Antrieb zu solchen Lösungen kommt natürlich immer wieder aus der Notwendigkeit, diese Schöpfung zu erhalten. Es mag pathetisch klingen, einen Weg daran vorbei gibt es nicht.

In der jetzigen Zeit gibt es die Problematik des Aufarbeitens von Atommüll, von Batterien, von Plastikmüll, von Luftverschmutzung und vielen anderen Dingen. Es gibt aber auch immer wieder überraschende Lösungsansätze, die staunen lassen. Das sind Aufgaben für große und kleine Firmen. Jeder nach seinen Möglichkeiten. Wenn man jahrelang in so einem Markt unterwegs war, findet man auch seine Lücke. Ohne Wirtschaft ist alles nichts. Wirtschaft zum Wohle der Menschen zu nutzen ist die Herausforderung unserer Tage. Noch nie war es für die Menschheit so existenziell wichtig, eine Wert erhaltende Kreislaufwirtschaft zu organisieren. Man sollte die letzten 2024 Jahre betrachten und den Untugenden der Menschen Einhalt gebieten. Bei allen Überlegungen und Bestrebungen zum besseren Umgang mit unserem Lebensraum gibt es vor allem auch die Möglichkeiten dazu. Es ist unabdingbar, dass die Politik hier den Rahmen setzt.

Von einem, der durchkam

Gerhard

Im Grunde waren die Startmöglichkeiten für jeden in der DDR geborenen sicher und relativ gleich. Mit dem Eintritt ins Berufsleben konnte es naturgemäß Unterschiede geben, da die Menschen und die Aufgaben nun mal unterschiedlich sind.

So manch einer wollte aber auch nur durchkommen. Gerhard, einer aus meinem Freundeskreis, gehörte dazu und regelte alles auf seine Weise.

Zu Beginn seiner Karriere ging er einer körperlich schweren Arbeit nach. Bei solchen Arbeiten verdiente man mehr Geld als der eine oder andere studierte Angestellte.

Sein schwer verdientes Geld gab er schnell wieder aus. Er war kein Sparer und er schaute in eine blaue Zukunft ohne Pläne einer eigenen Familiengründung.

Es war dafür sowieso zu früh und lag in weiter, weiter Ferne. Im Freundeskreis gab es eine Menge zu erleben und man schmiedete an den tollkühnsten Abenteuern. Es wurden Campingplätze besucht, wir organisierten Fahrradtouren, Zugreisen und später auch Autotouren.

Eine Zugreise führte uns in den Süden der DDR, weil sich zwei Mädels aus unserer Clique dahin abgesetzt hatten. Sie waren ausgebildete Krankenschwestern und wollten eine andere Gegend erkunden. Sie waren so unbedarft wie wir alle. Aus Geldmangel verkauften sie im Sommer ihre Kohlen an den Nachbarn. Als die Heizperiode begann, merkten sie, dass man Kohlen braucht. Sie hatten Glück, denn sie konnten im Schwesternheim des Krankenhauses, in dem sie arbeiteten, unterkommen. Der Mangel an

Kohlen hinderte sie aber nicht daran, eine Reihe von Freunden zu einer Silvesterparty einzuladen.

Wir fuhren in den Süden, ohne zu wissen, was auf uns zukam. Den Zutritt zur Wohnung zeigte uns ein Polizist, der auf der Straße den Verkehr regelte. Wir standen zu ebener Erde und sollten das nur angelehnte Fenster aufstoßen, denn der Schlüssel läge auf dem darunter stehenden Klavierhocker. Als ich die Küche betrat, war das Geschirr in den zwei Schalen des ausziehbaren Küchentisches eingefroren. Es sah aus wie ein Gebirge von Geschirr.

Wir besorgten also Kohlen, die zum Beispiel auf Schulhöfen lagerten, und richteten die Wohnung her, ehe die beiden Freundinnen sich überhaupt blicken ließen. Es wurde eine super Silvesterparty, die das Jahr 1969 ausklingen lies.

Mein Freund Gerhard war bei vielen Feiern und Abenteuern dabei. Es kam vor, dass die Arbeit nicht die Hauptrolle in seinem Tagesablauf spielte. Gerhard wechselte des Öfteren seine Arbeitsstelle, weil Kollegen und Vorgesetzte an ihm herumerziehen wollten.

Irgendwann beginnt fast unbemerkt das richtige Erwachsenwerden. Mit diesem Erwachsenwerden hatte jeder im Freundeskreis sein eigenes Tun. Es knüpften sich neue Beziehungen, es wurde geheiratet, es wurden Kinder geboren und das Leben nahm mit der nötigen Verantwortung seinen Lauf.

Gerhard ist dieser Verantwortung weitestgehend ausgewichen. Er war nicht so gebaut, als wolle er einen solchen Weg gehen. Gerhard machte seine Erfahrungen und bildete sich seine Meinung über das allgemeine und eigene Leben.

Auch Gerhard wurde in allen Fragen des Lebens stabiler.

Als die neue Zeit in der DDR über Gerhard hereinbrach wurde er arbeitslos. Ein Zustand, den er so nicht kannte.

Zur Arbeitslosigkeit kam dann noch die Obdachlosigkeit. Ein Mann wie Gerhard empfand das dann doch als den Tiefpunkt seines Lebens.

Er wurde in Obdachlosenquartiere eingewiesen und begann, seine Situation neu zu gestalten. In der Nähe eines solchen Quartiers wurde das Hotel „Warnow" in Rostock abgerissen. Gerhard besorgte sich einen Teppich, einen Nachttisch und andere Kleinigkeiten, um es sich wohnlicher zu machen.

In dieser Anfangszeit des Kapitalismus in der ehemaligen DDR gab es auch schon sensationshungrige Journalisten. Diesen Journalisten verweigerte Gerhard den Zutritt zu seinem neuen Lebensbereich. Diese Leute sollten andere Obdachlose besuchen. Sie sollten dorthin gehen, wo weniger Lebenslust zu sehen war.

Gerhard war immer ein offener, angenehmer und humorvoller Mensch. Offensichtlich hatte er durch seine Art auch die Aufmerksamkeit einer Beamtin erreicht.

Durch einen glücklichen Zufall konnte diese Frau ihm eine Wohnung zuweisen.

Er lebt seitdem auf Kosten des Sozialstaates und ist im Großen und Ganzen abgesichert.

Es ist ihm völlig klar, das er nichts besitzen darf und seine Grenzen hat.

Gerhard war immer tolerant und trachtete nicht nach Dingen, die nur anderen etwas bedeuteten. Er neidet niemanden seinen relativen Reichtum oder Wohlstand, weil er nie neidisch war und auch nicht neidisch sein kann. Solche niederen Dinge sind ihm fremd. Keine der bekannten Untugenden steht für sich allein. Der Neid ist allerdings sehr verbreitet. Wenn jemand mehr besitzt oder andere Vorteile hat, löst dieser Umstand bei vielen Mitmenschen Neid aus. Unzählige Diskussionen im kleineren und großen Rahmen werden als Neid-Diskussionen geführt. Es wird dabei wie selbstverständlich betont, dass diese Art der Diskussion keine Grundlage für die Klärung der gesellschaftlichen Zustände und Umstände ist. Die Anzahl der Neid-Dskussionen steigt aber mit zunehmender Spaltung der Gesellschaft an. Es ist schwer, diese Art von Diskussion kleinzureden oder zu verhindern. Sie ändert allerdings auch nichts. So bleibt alles ein in sich geschlossener Kreis, vorerst ohne Ausweg.

Leute wie mein Freund Gerhard sind da nur Beobachter mit einem gewissen Lächeln auf den Lippen.

Einfache Erklärungen haben für Gerhard einen verständlichen Wert. Die Suche nach dem Glück hat er nie begonnen. Für ihn gilt: „Glück ist, wenn das Unglück an dir vorbei geht." Bei allen Definitionen, die es von Freiheit gibt, fühlen Leute wie Gerhard sich frei, wenn sie gesund an Leib und Seele sind. Es gibt wenige Menschen die das Sinnbild von Flüssen so deutlich verkörpern wie Gerhard: „Flüsse müssen ihren Weg finden und fließen doch alle ins Meer."

Sein Vater mahnte Gerhard oft, sich an einem seiner Brüder ein Beispiel zu nehmen. Dieser Bruder war zielstrebig und sparsam. Gerhard antwortete nur mit der Frage: „Und was hat der erlebt?"

Manchmal reicht so eine Lebenseinstellung, um trotzdem Freunde zu haben und Hilfe von der Familie zu erfahren.

Schlussbemerkung

Es ist völlig klar, dass es zu den Betrachtungen von Joachim, Jürgen, Rainer, Andrea, Michael, Martin und Gerhard keinen weiteren Kommentar gibt. In ihrer Abgeschlossenheit stellen sie systemische Einsichten dar. „So ist das Leben."

Namen von Narzissten zu nennen ist hier nicht angebracht. Diese Menschen wissen alles besser und können alles erklären. Es mangelt ihnen an Selbstkontrolle und sie produzieren nur heiße Luft. Diesen Leuten geht es überdurchschnittlich gut und sie langweilen den Rest der Menschheit mit ihren Klugheiten. Sie haben oft keinen wirklich neuen Denkansatz und verharren in den alten Strukturen, weil sie damit sehr gut leben können.

Wenn man sehr großzügig voraussetzt, dass ein Menschenleben 100 Jahre währt, dann sollte man jetzt nur etwa 100 Jahre zurückschauen. Bei diesem Rückblick kann man auf das selbst Erlebte und Erfahrene blicken, auf Menschen, die auf diesem Weg schon fortgegangen sind und die, denen man noch eine Stütze sein möchte. Es gibt reichlich Stoff, um sich auf diese Weise die Welt zu erklären. Die großen Entdecker, Denker und Bauherren dieser Zeit können unterstützend wirken, auch wenn sie zuweilen fehlerhafte Ansätze verfolgt haben.

Otto Lilienthal, um 1890

Der Fortschritt ist davon abhängig, ob es dem Menschen gelingen wird, das Reich der Luft in eine allgemeine Verkehrsstraße zu verwandeln.

Die Grenzen der Länder würden dann ganz ihre Bedeutung verlieren.

Man kann sich kaum vorstellen, dass Kriege dann noch möglich sind.

Bertha von Suttner in „ Die Barbarisierung des Luftraums", 1912

„Vor 15 Jahren wandten sich die mittellosen Erfinder, die sich mit Plänen zur Konstruktion von Flugmaschinen herumtrugen, an die Führer der Friedensbewegung.
 – Helft uns, die Luft zu erobern und der Krieg ist überwunden. –
Jetzt ist die Luft erobert und der Krieg besitzt nun eine neue Waffe mehr.
 Und zwar eine Waffe, die von allen sich als die teuflischste erweisen kann."

Heino Schmieden (1835-1913)

„Erst als ich meinen von früh an gehegten Wunsch verwirklichte und ich Architektur zu studieren anfing, begann in mir ein fröhliches Leben."
 – Er prägte in der wilhelminischen Epoche in Deutschland das Antlitz vieler Städte. Dazu gehörten Konzertsäle, Museen, Universitätsgebäude und immer wieder Krankenhäuser, wie in der Gründungs- und Aufbauphase der Heilstätten Beelitz (1898 -1902). –

Lise Meitner in einem Brief an Otto Hahn, Juni 1945

„Ihr habt auch alle für Deutschland gearbeitet und habt auch nie nur einen passiven Widerstand zu machen versucht.
 Gewiss, um euer Gewissen loszukaufen, habt ihr hier und da einem bedrängten Menschen geholfen, aber Millionen unschuldiger Menschen hinmorden lassen, und keinerlei Protest wurde laut.
 Ich muss Dir das schreiben, denn es hängt soviel davon ab, dass ihr einsteht, was ihr habt geschehen lassen.

Ein Weg für Euch wäre es, eine offene Erklärung abzugeben, dass ihr euch bewusst seid, durch eure Passivität eine Mitverantwortung für das Geschehen auf euch genommen zu haben."

J. W. Von Goethe

„Die Natur versteht keinen Spaß, sie ist immer wahr, immer ernst, immer strenge, sie hat immer recht und die Fehler und Irrtümer sind immer die des Menschen."

Es gibt das geflügelte Wort: „Es ist alles gesagt – nur noch nicht von jedem."

Man muss eine ernste und ehrliche Arbeitsweise fördern, die die Arbeit in den Mittelpunkt des Lebens stellt.
Wenn ehrliche Arbeit zum Wohle der Menschheit überall auf der Welt die zentrale Rolle spielt, ist jedes Problem zu lösen.

„Alles ist kompliziert und nichts ist einfach – nichts ist kompliziert und alles ist einfach!"

Die Gruppe, die nichts verkompliziert, wird die Lösung tragen.

Anhang

Literaturverzeichnis und Begriffserklärung

01 „Die Wende in Rostock/Zeitzeugen erzählen"
Verlag: Wartberg Verlag

02 „Die Alternative"/Rudolf Bahro
Verlag: Tribüne Berlin

03 „Mensch sein ist die Hauptsache"/Rosa Luxemburg
Verlag: marixverlag Herausgeber: Bruno Kern

04 „Der Anteil der Arbeit an der Menschwerdung des Affen"/Friedrich Engels
Verlag: xhglc – Publikationes editeriales

05 Die Bibel/Apostelgeschichte 2, 1-14/Jesus/Kirche/Pfingsten

06 „Post aus Chile"/Korrespondenz mit Margot Honecker
Verlag: edition ost

07 „Deutsche Rundschau"
Zeitschrift für Freunde der Kultur und der Geschichte
Heft 67- März 2018 – 1/18
Bestätigung von Einzelheiten durch Egon Bahr, Wolfgang Schäuble und Carlo Schmid (einer der Urväter des Grundgesetzes)

08 „Ich kann nur eins sagen, dass ich kein Marxist bin"
Anekdoten von Karl Marx
Eulenspiegel Verlag

09 Doku – Die Geschichte der Treuhand, https://www.mdr.de/zeitreis/goldrausch118.html vom 10.07.2018
Äußerungen von:
Norman van Scherpenberg/Generalbevollmächtigter der Treuhand 1992-1994
Christoph Partsch/Treuhandvertragsmanager 1992-1994
Detlef Scheunert/Treuhanddirektor 1991-1994
Reinhard Höppner, Ministerpräsident Sachsen-Anhalt 1994-2002

10 Doku – Der unbekannte Putin
https://www.youtube.com/watch?v=swN43mKszec
1. der amerikanische Einfluss in der Präsidentschaft Jelzin
2. Stopp des amerikanischen Einflusses in der Präsidentschaft Putin

11 Doku – Amerika vor Kolumbus
https://www.zdf.de/dokumentation/zdfinfo-doku/1491-amerika-vor kolumbus-die-ersten-menschen-100.html

12 Doku – Die Rausschmeißer – Feuern um jeden Preis
https://daserste.ndr.de/panorama/aktuell/Die Rausschmeisser-Feuern-um-jeden-Preis-,rausscheisser100.html

13 Rostock Live – das Magazin für die Hanse- und Universitätsstadt/Heft April 2024
www.rostock-live.de
Klinikneubau im Südstadtklinikum Südstadt – Alles unter einem Dach -

14 DSR – Deutsche Seereederei Rostock.

15 VEB – Volkseigener Betrieb.

16 AWG – Arbeiterwohnungsgenossenschaft.

17 SED – Sozialistische Einheitspartei Deutschlands.

18 VBL – Vergütungssystem mit Arbeitgeberanteilen und Rentenanpassungen.

19 MAN B&W – Maschinenfabrik Augsburg/Nürnberg Burmeister&Wain

20 Backschafter – Back auf einem Schiff ist der Tisch – also Backschafter oder Kellner.

21 TEU – Die Abkürzung für „Twenty-Foot Equivalent Unit" – wie viel 20-Fuß Container auf einem Schiff transportiert werden können.

22 „Spanische Grippe" – Die USA traten im Frühjahr 1917 in den Ersten Weltkrieg ein. Ein amerikanischer Farmer, der als Soldat eingezogen wurde, hatte sich zuvor bei seinem Federvieh infiziert und so diesen Virus nach Spanien eingeschleppt.

23 Kurt Tucholsky „ Lerne Lachen ohne zu weinen"
Verlag Volk und Welt – Berlin/1978

Zitate in der Schlussbemerkung von:
1. Otto Lilienthal
2. Bertha von Suttner
3. Lise Meitner
4. J. W. von Goethe
Nachzulesen in der ständigen Ausstellung des Museums „Phan Technikum" der Hansestadt Wismar.

Zitat von Heino Schmieden, Dt.Architekt, 1835-1913
Nachzulesen in der Ständigen Ausstellung der Heilstätten Beelitz

Der Autor

Joachim Sdunek wurde 1952 in der Deutschen
Demokratischen Republik geboren. Schon früh
entdeckte er seine Begeisterung für Technik, absol-
vierte eine Lehre zum Schiffselektriker und war daraufhin auch in verschiedenen anderen technischen
Berufen tätig, als Elektromeister und Servicetechni-
ker für Elektronik und Heizungen. Außerdem lernte
er für ein Jahr Gesellschaftslehre und Philosophie.
Heute ist er sportbegeisterter Witwer, hat einen
Sohn und lebt in Rostock.
2021 veröffentlichte er sein literarisches Debut,
Meine Zeit im geteilten Deutschland bei voller Be-
leuchtung, einen autobiografischen Erlebnisbericht
über sein Leben in der DDR. Mit Die schöne Seite
des Kapitalismus folgt nun sein nächstes Werk, in
dem er die Gegebenheiten unserer Gesellschaft
unter die Lupe nimmt und versucht, Antworten auf
Fragen zu geben, auf die wir bisher keine hatten,
jedoch stark welche benötigen.

Der Verlag

*„ Wer aufhört
besser zu werden,
hat aufgehört
gut zu sein!*

Basierend auf diesem Motto ist es dem novum Verlag
ein Anliegen, neue Manuskripte aufzuspüren, zu ver-
öffentlichen und deren Autoren langfristig zu fördern.
Mittlerweile gilt der 1997 gegründete und mehrfach
prämierte Verlag als Spezialist für Neuautoren in
Deutschland, Österreich und der Schweiz.

**Für jedes neue Manuskript wird innerhalb we-
niger Wochen eine kostenfreie, unverbindliche
Lektorats-Prüfung erstellt.**

Weitere Informationen zum Verlag und
seinen Büchern finden Sie im Internet unter:

w w w . n o v u m v e r l a g . c o m